一生使える"算数力"は親が教えなさい。

はじめに

テーマ1：一生使える算数力とは？

大人になって必要とされる「論理的思考力」 その能力の基礎は、小学校の「算数」にある!

　社会人に求められるスキルというものは多くありますが、その中でも重要といわれているのが、問題解決能力とコミュニケーション能力です。とくに前者は、仕事上で対処法のわからない問題に直面したときなどに必要となる重要な能力ですが、大人になってからこの能力がないことに気づき、すぐにでも身に付けたいと思う人が増えているようです。

　この問題解決能力で一番大切となるのは、解決のために論理的に順序立てて対処する「論理的思考能力」（ロジカル・シンキング）です。そもそも人間は、ある問題に直面した場合、経験からヒントを得られれば、それをもとにやり方を検討して対処できるもの。しかし、まったく未経験の問題に対しては、この「論理的思考能力」を働かせて解決への筋道を探さなくてはなりません。

　この能力は、さまざまな力の集合体のようなもので、それらを順序立てて使うことで問題解決にたどり着きます。このさまざまな力は、以下の8つに分けられます。

　　（1）「情報収集能力」…知識を蓄えておき、必要なときに使えるように整理しておく力
　　（2）「検索力」…問題解決のために必要な知識を呼び出す力
　　（3）「構成力」…検索した知識を関連づける力
　　（4）「分解力」…複雑な問題をわかりやすい要素に分解する力
　　（5）「具体化力」…具体的な数字を当てはめたり、図やグラフなどで表現する力
　　（6）「発想力」…問題をどう受け止め、どう取り扱っていくかを考える力
　　（7）「推理力」…方法や場面から結果を推測する力
　　（8）「洞察力」…物事の規則性を見つける力

算数の問題を考えるときに必要な8つの力

これらの能力は、算数の問題を解くときにも非常に大切になってくるのです。

まず、算数の問題を解くために考えはじめるとき、どれだけ多く知識の引き出しがあるかで問題解決の可能性が変わってきます。これは「情報収集能力」が鍵となります。公式や問題例を知っていれば、解き方が一瞬でわかりますから、暗記力が重要であるともいえます。

次に、その収集した情報から、目の前にある問題に関連する知識を呼び出す必要があります。これを「検索力」といい、スピードが重要になります。制限時間のある試験などでは、いかに速く検索して問題解決にとりかかるかが重要ですから、日頃から訓練しておく必要があります。

そして、知識を呼び出したあとは、その情報をうまく関連づけて、問題解決のための方法を検討して組み立てていく「構成力」が必要になります。どのような考え方で問題解決までたどり着くかということが非常に大切なのです。ここがきちんと鍛えられれば、論理的思考能力はさらに強くなります。

一方、解決法の検討もつかないような算数の問題の場合には、まず問題を一つひとつ小さな問題に分けて考えていくことが必要です。つまり問題を細かく分解する力＝「分解力」が要求されるということ。算数の文章問題も、長い問題を一気に読めば頭が混乱しますが、分解して読み込んでいくことができれば、解法にもシンプルにたどり着けます。

また、理屈で考えてもまったくわからない場合には、図やグラフなどで視覚化したり、具体的な数字を当てはめる「具体化力」を使うことでイメージがわくことがあります。

そのほかにも、問題の受け止め方や取り扱いについて考える「発想力」や、方法や場面から結果を推測する「推理力」、物事の規則性を見つける「洞察力」も必要になります。

このように算数の問題をきちんとした思考過程で解いていく訓練を重ねることは、論理的思考能力を鍛えることと密接な関係があり、それを効果的に鍛える絶好のチャンスなのです。

丸暗記ではダメ。
ひたすら考えることが大事

つまり、ただ算数のテストでいい点数を取ればいいわけではないのです。現代の学校教育では、公式を丸暗記させて問題を解かせるというやり方が主流ですが、これでいい成績を取ったとしても、決して「論理的思考力」は身につきません。

たとえば、中学受験のためだけに暗記させた算数の知識は、根本的な理解が伴っていないので受験が終われば消えてしまう学力といえます。こういった丸暗記の詰め込み教育で育ってしまうと、自分の頭で考えるということをしないために、物事を論理的に考える力が身につきません。そして、大人になって仕事で問題にぶつかったときに思考停止に陥り、解決する方法が見いだせなくなってしまうのです。

算数学習の本質は自分自身の頭できちんと考えていくことにあるのであって、公式の暗記にあるのではありません。もし解き方のわからない算数の問題が出てきたとしたら、試行錯誤を繰り返しながら、ひたすら考えることが重要です。算数の問題にとことん向き合って勉強することで、論理的思考力を鍛え、「一生使える算数力」を身につけることにつながっていくのです。

テーマ2:なぜ親が算数を教えるべきなのか?

「わからない問題」に
とことん向き合うことが大切。
子どもと向きあって、じっくり教えることができる
「家庭教育」だからこそ、それができる!

近年、日本の学力の低下が叫ばれています。親御さんたちの教育熱は以前にも増して高まっていて、進学校に入れるために高い授業料を払って学習塾へ通わせることがもはや当然という状況にあるにもかかわらずです。このような状況にありながら、子どもの学力を保つことができなくなってしまったのはなぜでしょうか。

その第一の理由に、現代の日本は効率重視の国となり、ひとつの面白いことに集中して取り組むということがなくなってしまったことが挙げられます。算数が得意だった昔の日本の子どもたちのように、算数の不思議さ、面白さに引かれて夢中になるというようことはもはやありません。その代わりに、中学受験に合格するために勉強するといった動機がいまや当たり前になってしまいました。これでは、楽しんで算数を学べるはずがありません。

また、子どもたちの勉強に非常に重要な役割を果たしてきた「家庭教育」というものが、共働き家庭の増加によってなくなりつつあることも学力低下の一因といえるでしょう。親が家庭で子どもに学ぶことの楽しさを教える機会が減り、いまでは「算数がどんな役に立つか」という質問をする子どもが増える一方で、「算数は面白い科目なのか」という質問をする子どもはほとんどいなくなったのではないでしょうか。

親が家庭で算数の面白い話をしてあげたり、面白い問題を一緒に解いてあげるなど、学習のヒントを与えることで、子どもは算数の不思議さに目覚めて勉強する意欲を募らせるのです。家庭において、親が子どもの学習意欲を生むきっかけを作ってあげることは、非常に重要なのです。

家庭学習をしている児童ほど
算数が得意に！

　また、家庭できちんと学習しているかどうかということは、子どもの学力に大きく影響することがわかっています。「全国学力・学習状況調査」（文部科学省）の分析結果でも、「家庭学習をしている児童ほど国語、算数とも正答率が高い傾向がある」と報告されています。つまり、家庭で子どもの学習をきちんと支援していくことが、学力向上の大きな手助けになるということ。このことを親御さんたちがきちんと認識し、家庭教育の場をきちんと設けることが子どもの学力向上には何より大切なのです。家庭で一緒に楽しい問題に取り組むことで、親子の絆も深まるきっかけになるでしょう。

　子どもの家庭学習力を具体的にいえば、親の指導によって家庭での規則正しい生活を送ることを前提として、「宿題」「予習」「復習」、「自主学習」などを計画的に行うことです。しかし現代では、テレビやテレビゲーム、漫画、携帯電話という学習阻害要因が非常に多く、家庭で自主的に勉強に向かうということが困難になりつつあります。だからこそ子どもの家庭学習力を親が支援することなく子ども自身で伸ばすことは、ほぼ不可能といえます。

　一方で親の指導のもと家庭できちんと学校の授業の「予習」をしていくことができれば、学校での授業が「復習」の場となり、内容をよく理解できることでしょう。その結果、まったく学んでいない状態で授業を受けて退屈してしまう生徒よりも、格段に授業を楽しむことができます。この体験はさらに学習への興味を高め、好循環を生んでいきます。

　このように一見平等に教育されているように見える子どもたちにも、家庭教育が充実しているかどうかによって、学校の授業で新しいテーマを学ぶスタートの時点で、すでに差がついているのです。

親子だからこそ、しっかりと向きあって
教えることができる！

　そもそも算数の問題には、大きく分けて以下の3つのパターンがあります。1つ目は、問題を見た瞬間に解決法がわかる問題、だいたいの予想はつく

けれど解決法までは思いつかない問題、最後に、「まったくどうしていいかわからない」という心理状態になる問題です。

論理的思考力を身につけさせる点からいえば、前の2つの問題は、その子どもにとって解かせる意味はあまりありません。最後の「どうしていいかまったくわからない」問題こそが、その子どもの論理的思考力を鍛える問題となります。そして、その問題にぶつかったら、とことんその問題と向き合わせてあげる必要があります。

しかし、このように一人ひとりに個別に向き合ってじっくりと教えていく方法は、大人数を相手に教える学校や塾では個別の対応が難しく採用できないことでしょう。だからこそ、家庭内で、親と子の関係をベースにして親がしっかりと子どもと向き合って教えていくことが重要であり、こうして親子で試行錯誤を繰り返していくうちに子ども自身の頭で考える習慣が身についていくのです。

このように子どもたちの学習意欲を高めるためには親の姿勢が大きく影響してくるものですから、まずは親が一緒になって問題に向き合うための手助けをしてあげましょう。子どもの心に寄り添い、共に成長していく姿勢がなにより大切なのです。

この本の使い方

この本では小学校で習う算数の内容を単元ごとにポイントをしぼってわかりやすく解説しています。この1冊の内容をしっかりと理解すれば、お父様、お母様も小学校の算数のポイントがすっきりと理解できるはずです。また、お子様からの算数の問題についての質問にも、的確にわかりやすく答えられるようになります。

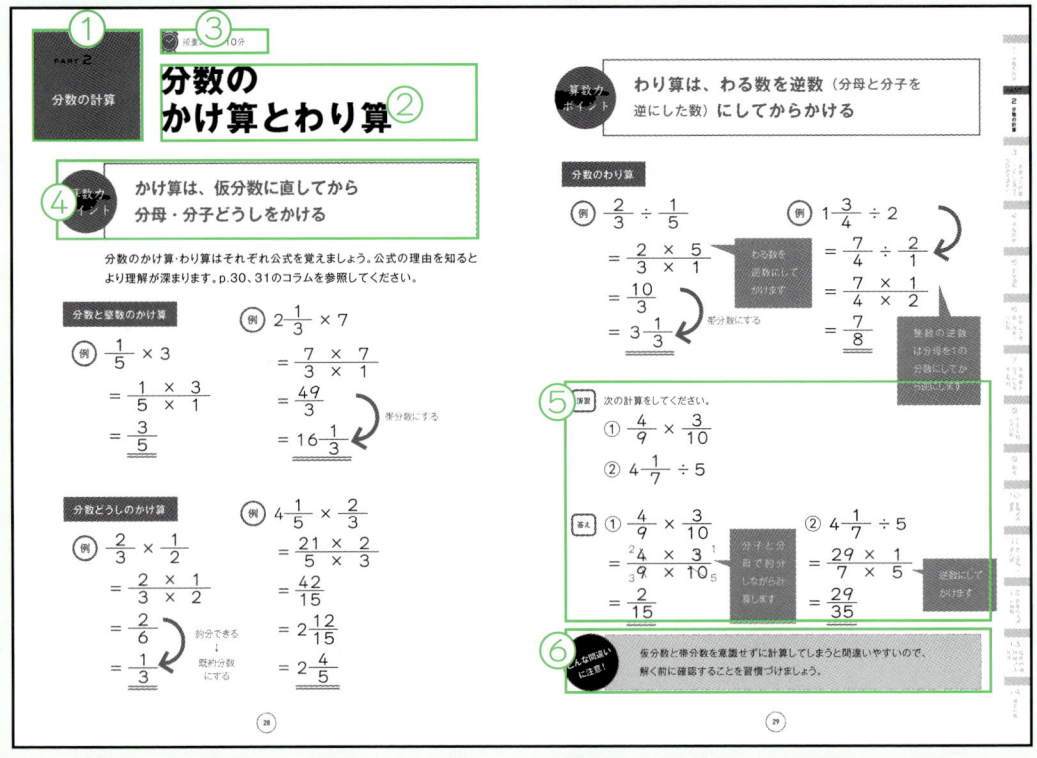

① 各パートのタイトルが表示されています。
② 単元の内容を示しています。
③ ひとつの単元を読んで理解する目安時間を示しています。
④ 回答を導くための考え方や公式など、
　その単元を理解するためのポイントをわかりやすく紹介しています。
⑤ よく出題される問題を紹介しています。問題の解き方を理解するとともに、
　お子様に問題を見せて考えさせるなど、家庭学習に役立ててください。
⑥ 間違いやすいポイントや解法のアドバイスを記載しています。
　お子様に教える際にぜひ参考にしてください。

一生使える"算数力"は
親が教えなさい。

CONTENTS

  2   はじめに

  8   この本の使い方

13　PART 1　小数の計算
14―小数の扱い方
15―小数のたし算と引き算
16―小数のかけ算
18―小数を整数でわるわり算
20―小数どうしのわり算

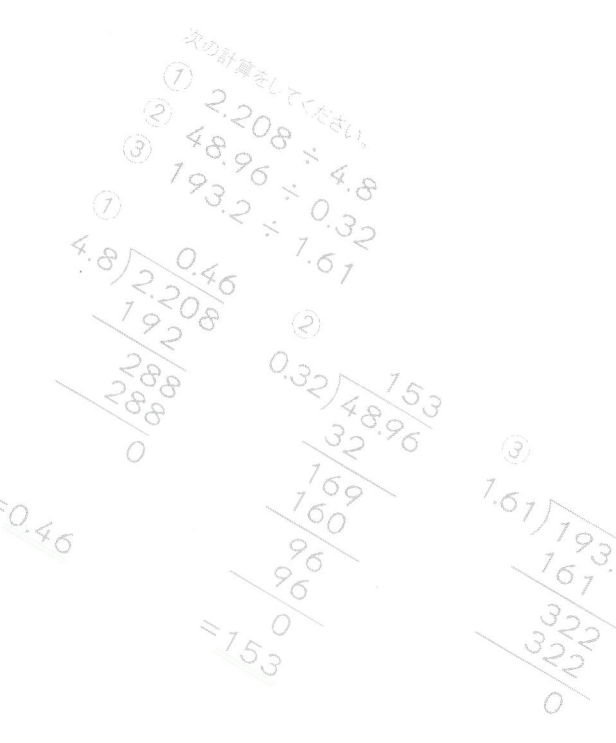

23　PART 2　分数の計算
24―分母が同じたし算と引き算
26―分母の異なるたし算と引き算
28―分数のかけ算とわり算
30―分数COLUM「分数のわり算の概念」

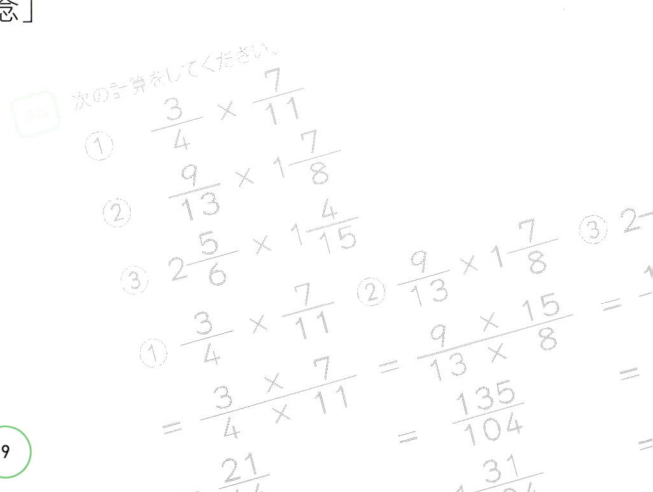

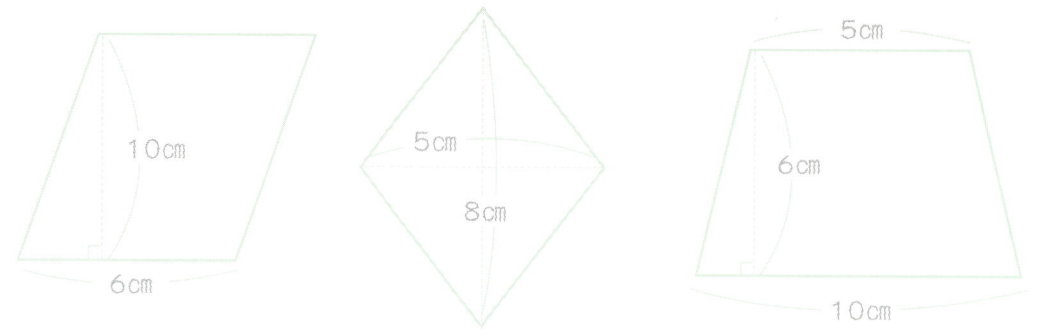

33　PART 3　□を使った計算／＋－×÷が混ざった計算の決まり
  34─線分図・面積図

  36─□を使った文章題

  38─＋－×÷が混ざった計算の決まり

41　PART 4　平面図形
  42─長方形と正方形の面積

  44─平行四辺形・ひし形・台形の面積

  46─三角形の面積

  49─円周と円の面積

  51─おうぎ形の面積と弧の長さ

  53─複雑な面積の求め方

55　PART 5　立体図形
  56─角柱の体積・容積・表面積

  60─円柱と円すい・表面積

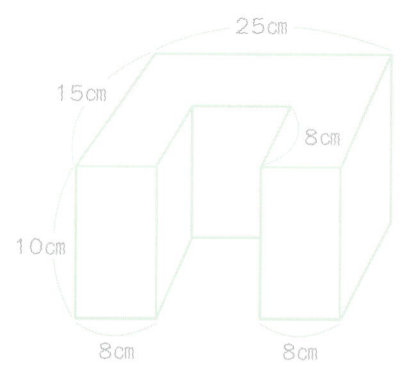

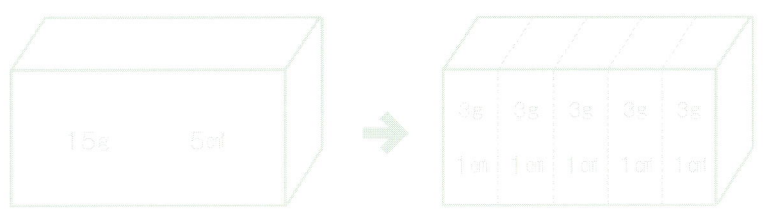

63　PART 6　倍数と公倍数／約数と公約数
64—倍数と公倍数

67—約数と公約数

71　PART 7　単位量あたりの大きさと平均
72—単位量あたりの大きさ

75—平均

77—道のり・速さ・時間の計算

79—旅人算その① 追いかける問題

81—旅人算その② 出会いの問題

83　PART 8　大きな数とがい数
84—大きな数とがい数

87　PART 9　割合
88—割合の計算

91—百分率と歩合・グラフ

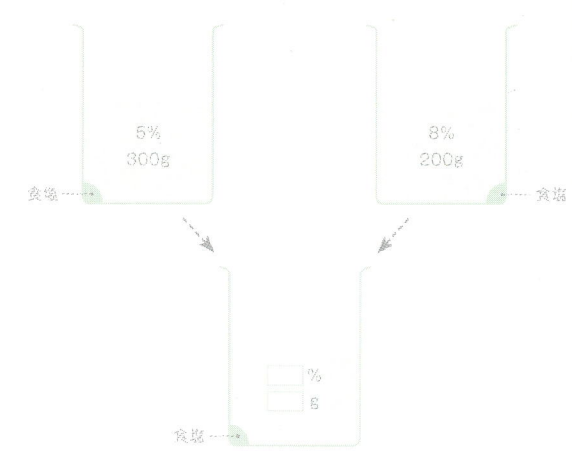

97　PART 10　食塩水の濃度
　98―食塩水の濃度の求め方

101　PART 11　比と比例・反比例
　102―比の値の求め方と線分図

　104―比を使った方程式

　106―比例・反比例

109　PART 12　図形の合同と相似
　110―三角形の合同

　112―三角形の相似

115　PART 13　図形の補助線の引き方
　116―等積変形

　117―補助線の引き方

121　PART 14　場合の数
　122―ならべ方と組み合わせ

PART 1

小数の計算

$$11.08 \div 0.3$$

$$= 0.3 \overline{)11.08}^{36.9}$$

(筆算)
```
       36.9
   ┌────────
0.3│ 11.08
     9
     ──
     20
     18
     ──
      28
      27
      ──
      0.01
```

お父様、お母様へ

小数とは、「1」より小さい数を表す位です。まず、「1」を10個に分けてその1つを「0.1」と考えます。さらに「1」を100個に分けた1つは「0.01」となります。しかし、小数点の位が増えていくと、数字の羅列となりイメージがつかみにくくなります。わかりやすく考えるために、お子様に教える場合には、たとえば「0.521」という数字を、0.5+0.02+0.001というように、分解して考えることができるか確認してみましょう。

また、小数を実際に使用する場合は、「cm」や「kg」などの単位とともに使用することになりますので、きちんと理解できるように説明しましょう。たとえば「10cm=0.1m」と表すことができますが、単位がなくなると「10=0.1」となり、その式だけでは間違った意味になってしまいます。「1m=100cm」という単位をもとにした小数点の位だと理解させてあげることがとても重要です。

PART 1 小数の計算

小数の扱い方

所要時間：06分

算数力ポイント 単位と一緒に理解する

通常、小数とは「10cm＝0.1m」のように、単位と一緒に使います。単位の大きさによって小数のケタが決まりますが、単位を外すと「10＝0.1」のように正しい式ではなくなってしまうので注意しましょう。

例 10cm ＝ ? m
? ＝ 0.1m

> 1m＝100cmだから
> 1cm＝0.01mになります
> それが10コあると考えれば
> 0.01×10＝0.1m

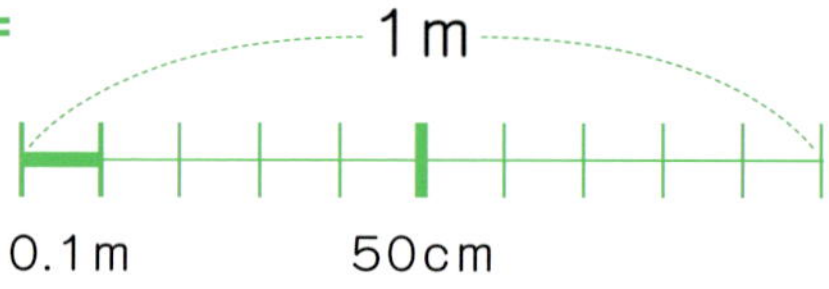

例 75cm ＝ ? m
? ＝ 0.75m

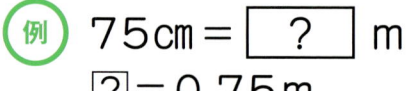

例 100g ＝ ? kg
? ＝ 0.1kg

> 1kg＝1000gだから
> 1g＝0.001kgになります
> それが100コあると考えれば
> 0.001×100＝0.1kg

例 7g ＝ ? kg
? ＝ 0.007kg

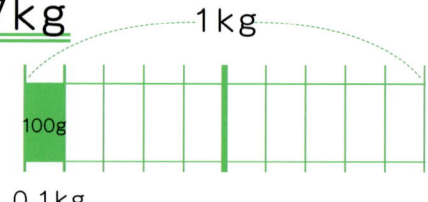

PART 1 小数の計算

所要時間：06分

小数のたし算とひき算

> **算数力ポイント**
> まずは、小数点をそろえる

小数点どうしの計算にはまず、小数点をそろえる必要があります。

小数のたし算

例 $0.2 + 0.7$

```
  0.2
+ 0.7
-----
  0.9
```

例 $1.3 + 2.6$

```
  1.3
+ 2.6
-----
  3.9
```

例 $4.3 + 3.27$

```
  4.30
+ 3.27
------
  7.57
```

小数のひき算

例 $0.9 - 0.3$

```
  0.9
- 0.3
-----
  0.6
```

例 $1.8 - 0.05$

```
  1.80
- 0.05
------
  1.75
```

例 $2.96 - 1.314$

```
  2.960
- 1.314
-------
  1.646
```

15

PART 1

小数の計算

小数のかけ算

 所要時間：10分

算数力ポイント　小数点をずらし、整数にしてから計算。最後に小数点を戻す

小数のかけ算は、まず小数点をずらして整数にします。そして整数と同じように計算し、はじめにずらした小数点と同じ位置に小数点を戻します。

小数と整数のかけ算

例
$$0.35 \times 17$$
$$= 35 \times 17$$

```
   35
 ×17
─────
 5.95
```

2ケタずらす
↓
2ケタ戻す

 0.35を整数にするため小数点を2ケタ右へずらします。答えが出たら595に先ほどずらした小数点を戻し2ケタ左へ打ちます

例
$$1.724 \times 3$$
$$= 1724 \times 3$$

```
  1724
 ×   3
─────
 5.172
```

3ケタずらす
↓
3ケタ戻す

小数どうしのかけ算

小数どうしのかけ算は、小数点をずらしたケタ数の合計を戻します。

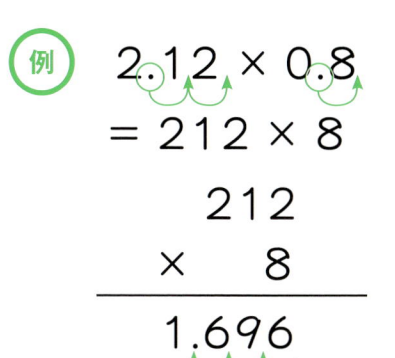

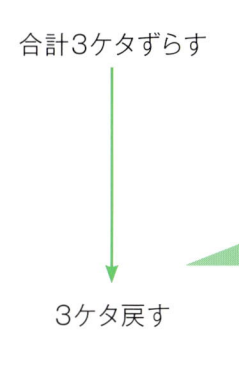

例
2.12×0.8
$= 212 \times 8$

$$\begin{array}{r} 212 \\ \times\ \ \ 8 \\ \hline 1.696 \end{array}$$

合計3ケタずらす

3ケタ戻す

> 2.12を整数にするために小数点を2ケタ右へ、0.8を整数にするために小数点を1ケタ右へずらします。すると計3ケタずらしたことになるので、答えが出たら、3ケタ左へ戻します

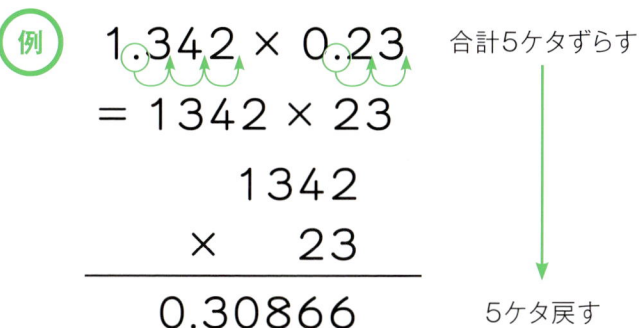

例
1.342×0.23
$= 1342 \times 23$

$$\begin{array}{r} 1342 \\ \times\ \ \ 23 \\ \hline 0.30866 \end{array}$$

合計5ケタずらす

5ケタ戻す

演習 次の計算をしてください。

① 4.26×8 ② 7.0173×0.4

答え

① 4.26×8
$= 426 \times 8$

$$\begin{array}{r} 426 \\ \times\ \ \ 8 \\ \hline 34.08 \end{array}$$

$= \underline{34.08}$

② 7.0173×0.4
$= 70173 \times 4$

$$\begin{array}{r} 70173 \\ \times\ \ \ \ \ 4 \\ \hline 2.80692 \end{array}$$

$= \underline{2.80692}$

> **こんな間違いに注意！** ケタ数の多い小数点どうしのかけ算では、答えに小数点を戻すときの位置を間違いやすいので、注意しましょう。

PART 1 小数の計算

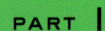

所要時間：10分

小数を整数でわるわり算

算数力ポイント

わられる数を整数にしてから計算。商とあまりは、わられる数の元の小数点に戻す

小数のわり算は、すべてまず小数点をずらし、整数にしてわります。
整数でわる場合は、商とあまりをわられる数の小数点にそろえます。

あまりのない小数のわり算

例　25.8 ÷ 6

```
      4.3
   ┌──────
 6 )25.8
     24
     ──
      18
      18
     ──
       0
```
= 4.3

> まず258÷6と考えて計算します。
> 答えが出たら、わられる数
> ＝25.8の下1ケタの小数点を
> 商の43にも打って、4.3とします

あまりのある小数のわり算

答えは小数点第1位まで求めてください。

例　4.3 ÷ 2

```
      2.1
   ┌──────
 2 )4.3
     4 2
     ──
      0.1
```
= 2.1あまり0.1

> まず43÷2と考えて計算します。
> 答えが出たら、わられる数
> ＝4.3の下1ケタの小数点を
> 商の21とあまりの1にも打って、
> 2.1あまり0.1とします

演習 次の計算をしてください。　答えは小数点第1位まで求めてください。

① $58.5 \div 13 = \boxed{?}$

② $4.23 \div 7 = \boxed{?}$

答え

```
         4.5
     ┌──────
  13 )58.5
       52
       ──
       65
       65
       ──
        0
```

```
         0.60
     ┌──────
   7 )4.23
       4.2
       ──
       0.03
```

= 4.5

= 0.6 あまり 0.03

小数コラム

なぜ商だけでなく、あまりにも小数点をそろえて打つのでしょうか？
2つの計算式を線分図に表してみるとわかりやすくなります。

12 ÷ 5 = 2 あまり 2

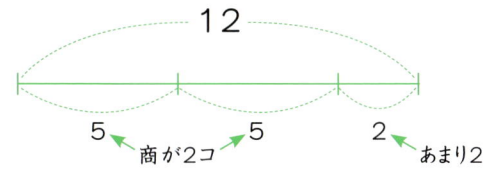

7.1 ÷ 2.3 = 3 あまり 0.2

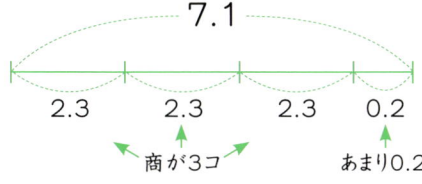

整数どうしのわり算と同じ考え方で計算しますので最後に小数点を打てばよいのです

こんな間違いに注意！　あまりのある小数のわり算では、商だけではなくあまりにも小数点を打つことを忘れないようにしましょう。

PART 1 小数の計算

小数どうしのわり算

所要時間：15分

算数力ポイント

わる数を整数にして計算。あまりは、わられる数のずらす前の小数点に揃える

まず、わる数を整数にするため小数点を右へずらします。それと同じぶんだけわられる数の小数点もずらし、答えの商はずらした後のわられる数の小数点にそろえます。

答えにあまりのない小数どうしのわり算

例　5.22 ÷ 5.8

```
         0.9 ③
   5.8 ) 5.2 2
          ①1ケタ  ②1ケタ
         5 2 2
         ─────
             0
```

①わる数5.8を整数にするため小数点を右へ1ケタずらす
②わられる数5.22も同様に1ケタ右へずらす
③商が出たら、ずらしたあとのわられる数の小数点に合わせて0.9とする

例　22.26 ÷ 5.3

```
           4.2 ③
   5.3 ) 2 2.2 6
          ①1ケタ  ②1ケタ
         2 1 2
         ─────
           1 0 6
           1 0 6
           ─────
               0
```

答えにあまりのある小数どうしのわり算

あまりは、わられる数のもとの小数点にそろえて打つので注意しましょう。

例 3.17 ÷ 0.7

```
         4.5
    0.7)3.17
        2 8
          3 7
          3 5
          0.02
```

①まずわる数0.7を整数にするため、小数点を右へ1ケタずらす
②それと同じぶんだけわられる数の小数点を1ケタずらす
③商が出たら、ずらしたあとのわられる数の小数点にそろえて打つ
④あまりは、ずらす前のわられる数の小数点にそろえて打つ

演習 次の計算をしてください。　答えは小数点第1位まで求めてください。

① 19.58 ÷ 2.2

② 11.08 ÷ 0.3

答え

① 19.58 ÷ 2.2

```
         8.9
    2.2)19.58
        176
         198
         198
           0
```
= 8.9

② 11.08 ÷ 0.3

```
         36.9
    0.3)11.08
         9
         20
         18
          28
          27
          0.01
```
= 36.9 あまり 0.01

こんな間違いに注意! あまりのあるわり算では、あまりの小数点の位置を間違えやすいので、きちんと確認しましょう。

演習 次の計算をしてください。

① $2.208 \div 4.8$
② $48.96 \div 0.32$
③ $193.2 \div 1.61$

答え

①
```
       0.46
4.8)2.208
    192
    ‾‾‾‾
     288
     288
    ‾‾‾‾
       0
```
= **0.46**

②
```
       153
0.32)48.96
     32
    ‾‾‾‾
     169
     160
    ‾‾‾‾
       96
       96
    ‾‾‾‾
        0
```
= **153**

③
```
        120
1.61)193.20
     161
    ‾‾‾‾
     322
     322
    ‾‾‾‾
       0
```
= **120**

演習 次の計算をしてください。　答えは小数点第1位まで求めてください。

① $739.2 \div 15.6$
② $59.7 \div 1.13$
③ $31.712 \div 2.1$

答え

①
```
        47.3
15.6)739.2
     624
    ‾‾‾‾
     1152
     1092
    ‾‾‾‾
       600
       468
    ‾‾‾‾
       1.32
```
= **47.3** あまり **1.32**

②
```
        52.8
1.13)59.70
     565
    ‾‾‾‾
      320
      226
    ‾‾‾‾
       940
       904
    ‾‾‾‾
       0.036
```
= **52.8** あまり **0.036**

③
```
       15.10
2.1)31.712
    21
   ‾‾‾‾
    107
    105
   ‾‾‾‾
      21
      21
   ‾‾‾‾
      0.002
```
= **15.1** あまり **0.002**

PART 2

分数の計算

お父様、お母様へ

分数は、「1」より小さい数を表します。そして全体を「1」とした場合の割合を表します。また、比を表す数でもあります。たとえば1本のロールケーキを5等分したうちの1つを1/5と表し、6等分すれば1/6になります。「1」を分けて表した数であるという感覚をつかめるように教えることがポイントです。分母の違う分数同士は、たすこともひくこともできないことをお子様に理解させてあげましょう。

分数のわり算では、わる数を逆数（分母と分子を逆にした数）にしてかけますが、これには理由があります。この公式の理由を根本から理解させてあげることが、「一生使える算数力」を身につけることにつながり、論理的思考力を育む練習になるのです。理由はコラム（p.30、p.31）で詳しく説明していますので、ぜひご覧ください。

【分数の種類】
「真分数」…分母が分子より大きい
「仮分数」…分母が分子より小さい分数、または分母＝分子（つまり1）
「帯分数」…整数と真分数でできている数

【分数の計算に必要なこと】
「倍分」…分母と分子に同じ数をかけること。倍分した数はすべて等しい。
「約分」…分母と分子を同じ数でわること。約分した数はすべて等しい。これ以上約分できない分数を「既約分数」といいます。
「通分」…倍分や約分をして、分母の異なる分数の分母をそろえること。分数のたし算やひき算は、通分をして分母をそろえてから計算します。

PART 2 分数の計算

 所要時間：10分

分母が同じ たし算とひき算

算数力ポイント

分母が等しければ、分子をそのままたせば（ひけば）よい

分母の等しい分数どうしのたし算、ひき算はそのまま計算できます。

分母が同じ分数のたし算

例　$\dfrac{1}{6} + \dfrac{3}{6} = \dfrac{4}{6}$

分母「6」はそのままで、分子の「1」と「3」をたします

 1リットルを6メモリに分けたビーカー

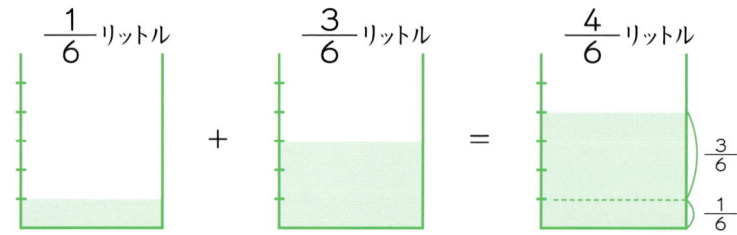

分母が同じ分数のひき算

例　$\dfrac{4}{5} - \dfrac{3}{5} = \dfrac{1}{5}$

分母「5」はそのままで、分子の「4」から「3」をひきます

 1リットルを5メモリに分けたビーカー

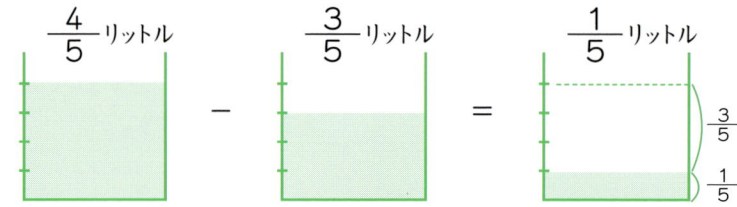

計算しづらい場合は、仮分数は帯分数に直す。解答は必ず帯分数にする

分数をたして、仮分数になったら、必ず帯分数に直します。
帯分数のままでひけない場合は、一度仮分数に直します。

分母が同じ分数のたし算

例 $\dfrac{4}{7} + \dfrac{6}{7}$

$= \dfrac{4+6}{7}$

$= \dfrac{10}{7}$

$= 1\dfrac{3}{7}$

仮分数は帯分数に直す

くり下げのある分数のひき算

例 $1\dfrac{2}{9} - \dfrac{7}{9}$

$= \left(\dfrac{9}{9} + \dfrac{2}{9}\right) - \dfrac{7}{9}$

$= \dfrac{11}{9} - \dfrac{7}{9}$

$= \dfrac{4}{9}$

$\dfrac{2}{9}$ から $\dfrac{7}{9}$ は引けないので整数をくり下げて、同じ分母の分数にします

分母が同じ帯分数のたし算

例 $2\dfrac{8}{9} + 1\dfrac{5}{9}$

$= \underline{(2+1)}_{\text{整数の和}} + \dfrac{8+5}{9}$

$= 3 + \dfrac{13}{9} = 3\dfrac{13}{9}$

$= 4\dfrac{4}{9}$

整数どうし、分数どうしで計算します

答えを仮分数のままにしてしまいやすいので、必ず帯分数に直す習慣をつけましょう。

PART 2 分数の計算

所要時間：10分

分母の異なるたし算とひき算

算数力ポイント　分母が異なる場合、通分をして分母をそろえる

分母の異なる分数のたし算、ひき算は、通分で分母をそろえてから、分母が同じ場合と同様に計算します。通分は分母がそろうまで倍分しましょう。

分母の違う分数のたし算

例

$$\frac{1}{3} + \frac{4}{5}$$
$$= \frac{1 \times 5}{3 \times 5} + \frac{4 \times 3}{5 \times 3}$$
$$= \frac{5}{15} + \frac{12}{15}$$
$$= \frac{17}{15}$$
$$= 1\frac{2}{15}$$

分母の違う分数のひき算

例

$$\frac{5}{7} - \frac{1}{2}$$
$$= \frac{5 \times 2}{7 \times 2} - \frac{1 \times 7}{2 \times 7}$$
$$= \frac{10}{14} - \frac{7}{14} = \frac{3}{14}$$

分数コラム　倍分・約分ってなに？

倍分とは、分母と分子に等しい数をかけること。約分とは、分母と分子を等しい数でわること。これらは、すべて等しい数です。

$$\frac{1}{3} = \frac{2}{6} = \frac{3}{9} = \frac{4}{12} = \frac{5}{15}$$

$$\frac{4}{5} = \frac{8}{10} = \frac{12}{15}$$

倍分・約分＝水の量は同じで、ビーカーのメモリが変わるだけ

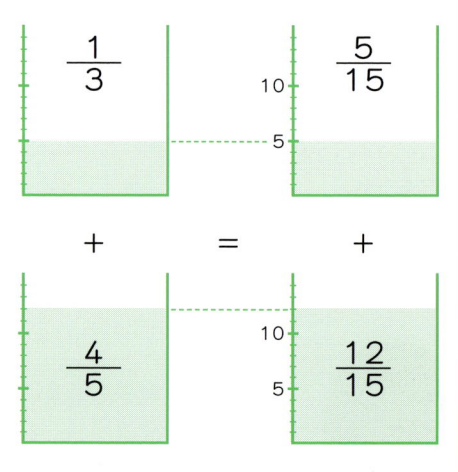

最後は約分して、答えは既約分数（これ以上約分できない状態）にする

分母の異なる帯分数のたし算

例) $3\dfrac{1}{2} + 2\dfrac{1}{6}$ 〔倍分して通分する〕

$= 3\dfrac{3}{6} + 2\dfrac{1}{6}$

$= \underbrace{(3+2)}_{整数の和} + \dfrac{3+1}{6}$

$= 5\dfrac{4}{6}$

$= 5\underline{\dfrac{2}{3}}$ 〔約分して既約分数にする〕

例) $3\dfrac{7}{15} + 4\dfrac{7}{12}$ 〔倍分して通分する〕

$= 3\dfrac{28}{60} + 4\dfrac{35}{60}$

$= \underbrace{(3+4)}_{整数の和} + \dfrac{28+35}{60}$

$= 7\dfrac{63}{60}$

$= 8\dfrac{3}{60}$

$= 8\underline{\dfrac{1}{20}}$ 〔約分して既約分数にする〕

分母の異なる帯分数の引き算

例) $4\dfrac{1}{8} - \dfrac{5}{24}$

$= 4\dfrac{3}{24} - \dfrac{5}{24}$

$= 3\dfrac{27}{24} - \dfrac{5}{24}$

$= 3\dfrac{22}{24}$

$= 3\underline{\dfrac{11}{12}}$

> まず、通分して分母を揃えます。帯分数のままではひけないので、整数をくり下げて、同じ分母の分数にします。計算後、約分できるので既約分数にします。

倍分と約分が理解できていないと分数の計算でつまずく原因になるので、しっかりと教えましょう。

分数のかけ算とわり算

PART 2 分数の計算

所要時間：10分

> **算数力ポイント**
>
> **かけ算は、仮分数に直してから分母・分子どうしをかける**

分数のかけ算・わり算はそれぞれ公式を覚えましょう。公式の理由を知るとより理解が深まります。p.30、31のコラムを参照してください。

分数と整数のかけ算

例） $\dfrac{1}{5} \times 3$

$= \dfrac{1 \times 3}{5 \times 1}$

$= \dfrac{3}{5}$

例） $2\dfrac{1}{3} \times 7$

$= \dfrac{7 \times 7}{3 \times 1}$

$= \dfrac{49}{3}$

$= 16\dfrac{1}{3}$ ← 帯分数にする

分数どうしのかけ算

例） $\dfrac{2}{3} \times \dfrac{1}{2}$

$= \dfrac{2 \times 1}{3 \times 2}$

$= \dfrac{2}{6}$

$= \dfrac{1}{3}$ ← 約分できる → 既約分数にする

例） $4\dfrac{1}{5} \times \dfrac{2}{3}$

$= \dfrac{21 \times 2}{5 \times 3}$

$= \dfrac{42}{15}$

$= 2\dfrac{12}{15}$

$= 2\dfrac{4}{5}$

 **わり算は、わる数を逆数（分母と分子を逆にした数）にしてからかける**

分数のわり算

例) $\dfrac{2}{3} \div \dfrac{1}{5}$

$= \dfrac{2 \times 5}{3 \times 1}$ 　　わる数を逆数にしてかけます

$= \dfrac{10}{3}$

$= 3\dfrac{1}{3}$ 　　帯分数にする

例) $1\dfrac{3}{4} \div 2$

$= \dfrac{7}{4} \div \dfrac{2}{1}$

$= \dfrac{7 \times 1}{4 \times 2}$

$= \dfrac{7}{8}$ 　　整数の逆数は分母を1の分数にしてから逆にします

演習　次の計算をしてください。

① $\dfrac{4}{9} \times \dfrac{3}{10}$

② $4\dfrac{1}{7} \div 5$

答え

① $\dfrac{4}{9} \times \dfrac{3}{10}$

$= \dfrac{\overset{2}{4} \times \overset{1}{3}}{\underset{3}{9} \times \underset{5}{10}}$ 　　分子と分母で約分しながら計算します

$= \dfrac{2}{15}$

② $4\dfrac{1}{7} \div 5$

$= \dfrac{29 \times 1}{7 \times 5}$ 　　逆数にしてかけます

$= \dfrac{29}{35}$

 仮分数と帯分数を意識せずに計算してしまうと間違いやすいので、解く前に確認することを習慣づけましょう。

分数 COLUM

分数のわり算の概念

分数のわり算は、「逆数にしてかける」と教わります。しかし、なぜ逆数にするのか、という意味を理解できなければ論理的思考を育てることはできません。ここでは分数のわり算についての概念を説明していきます。

概念1　通分して、分子のわり算をする

分数のわり算の概念を理解させるために、最初に教えるべき方法です。

例
$$\frac{1}{3} \div \frac{2}{5}$$
$$= \frac{1 \times 5}{3 \times 5} \div \frac{2 \times 3}{5 \times 3}$$
$$= \frac{5}{15} \div \frac{6}{15} \cdots Ⓐ$$

通分すると、$\frac{1}{3}$ と $\frac{2}{5}$ は
15に分けたうちの「5」と「6」となる
$5 \div 6 = \frac{5}{6}$ と答えを導きます

概念2　通分して、分母どうし、分子どうしを割る

概念1で通分した数Ⓐは分母が等しいので、
分母どうしを割って「1」にすることができます。

Ⓐ
$$\frac{5}{15} \div \frac{6}{15}$$
$$= \frac{5 \div 6}{15 \div 15}$$
$$= \frac{\frac{5}{6}}{1} = \frac{5}{6}$$

概念3　割る数が「1」になるように変形させる

割る数を「1」にすると、答えが導きやすくなります。
そのために割る数の逆数をかけて、式を変形させます。

$$\frac{1}{3} \div \frac{2}{5} = \left(\frac{1}{3} \times \frac{5}{2}\right) \div \left(\frac{2}{5} \times \frac{5}{2}\right)$$

（割る数）　　　　　　　（逆数）　　　　　　（逆数）

$$= \left(\frac{1}{3} \times \frac{5}{2}\right) \div \left(\frac{2}{5} \times \frac{5}{2}\right)$$

$$= \left(\frac{1}{3} \times \frac{5}{2}\right) \div \left(\frac{1}{1} \times \frac{1}{1}\right)$$

$$= \frac{1}{3} \times \frac{5}{2} \div 1$$

$$= \frac{5}{6}$$

「逆数にしてかける」という方法は、この解き方で式を変形して誘導している途中に出てきた部分を抜き出していることになります

補足 この式に単位をつけて計算すると、よりイメージしやすくなります。

例
$\frac{1}{3}$ ㎡の床を磨くのに、$\frac{2}{5}$ ℓのワックスが必要でした。
1ℓのワックスで、何㎡の床を磨けますか？

まず、$\frac{1}{5}$ ℓは $\frac{2}{5}$ ℓの半分だから、磨ける面積も半分になるので、
$\frac{1}{5}$ ℓのワックスでは $\frac{1}{3}$ ㎡の半分を磨くことができることがわかります。

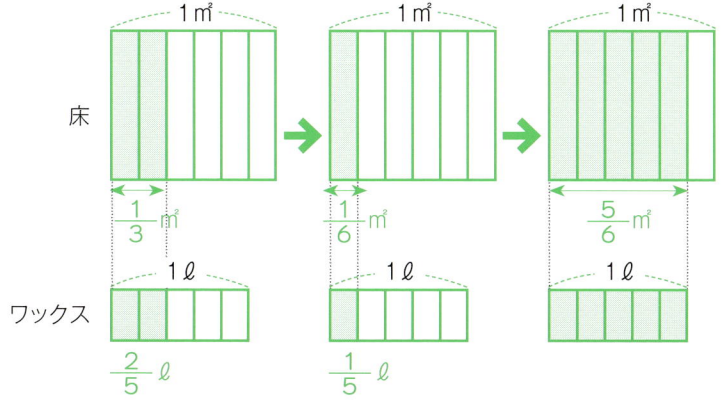

1ℓで磨ける面積は $\frac{1}{6}$ ㎡の
5倍になりますから

$$\frac{1}{3} \div \frac{2}{5} = \frac{1}{3} \times \frac{5}{2}$$
$$= \frac{5}{6} \text{ ㎡}$$

という考え方もあります。

演習 次の計算をしてください。

① $\dfrac{3}{4} \times \dfrac{7}{11}$

② $\dfrac{9}{13} \times 1\dfrac{7}{8}$

③ $2\dfrac{5}{6} \times 1\dfrac{4}{15}$

答え

① $\dfrac{3}{4} \times \dfrac{7}{11} = \dfrac{3 \times 7}{4 \times 11} = \underline{\underline{\dfrac{21}{44}}}$

② $\dfrac{9}{13} \times 1\dfrac{7}{8} = \dfrac{9 \times 15}{13 \times 8} = \dfrac{135}{104} = \underline{\underline{1\dfrac{31}{104}}}$

③ $2\dfrac{5}{6} \times 1\dfrac{4}{15} = \dfrac{17 \times 19}{6 \times 15} = \dfrac{323}{90} = \underline{\underline{3\dfrac{53}{90}}}$

演習 次の計算をしてください。

① $\dfrac{2}{5} \div \dfrac{1}{3}$

② $1\dfrac{1}{2} \div \dfrac{3}{4}$

③ $4\dfrac{4}{9} \div 2\dfrac{3}{5}$

答え

① $\dfrac{2}{5} \div \dfrac{1}{3} = \dfrac{2 \times 3}{5 \times 1} = \dfrac{6}{5} = \underline{\underline{1\dfrac{1}{5}}}$

② $1\dfrac{1}{2} \div \dfrac{3}{4} = \dfrac{3}{2} \div \dfrac{3}{4} = \dfrac{\overset{1}{3} \times \overset{2}{4}}{\underset{1}{2} \times \underset{1}{3}} = \dfrac{2}{1} = \underline{\underline{2}}$

③ $4\dfrac{4}{9} \div 2\dfrac{3}{5} = \dfrac{40}{9} \div \dfrac{13}{5} = \dfrac{40 \times 5}{9 \times 13} = \dfrac{200}{117} = \underline{\underline{1\dfrac{83}{117}}}$

PART 3

□を使った計算／＋－×÷が混ざった計算の決まり

お父様、お母様へ

中学校からは「x」を求める方程式を習いますが、小学校では方程式は使用しません。かわりに□を使った式から、答えを求める問題が登場します。まずはお子様に図を利用した考え方を理解させ、□の式を解決できるように教えましょう。

□を使ったたし算と引き算には「線分図」、かけ算とわり算には「面積図」を利用します。□を使った複雑な式は、線分図と面積図を組み合わせて使うことで解くことができます。解き方には「線分図→面積図」「面積図→線分図」の2パターンがありますので、手順をしっかりマスターさせましょう。

＋－×÷が混ざった計算（四則混合計算）とは、4つの記号が混ざった計算式のことです。まずは、×÷から先に計算するのがルールです。式を見て、どの部分から計算していくことが一番楽に計算できるか見極めてから、取りかかるように教えましょう。また、小数や分数が混ざった複雑な計算式も出てきます。小数は分数に統一してから計算するように覚えさせましょう。

PART 3 □を使った計算

所要時間：10分

線分図・面積図

算数力ポイント
線分図は、たし算・ひき算を表す
面積図は、かけ算・わり算を表す

□を使った問題を解くために、まず線分図と面積図の考え方を理解しましょう。

線分図 …数の大きさを線で表した図のこと。たし算とひき算を表すことができます。

例 $6+4=10$

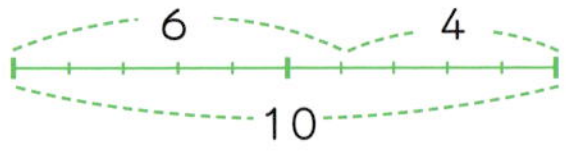

例 $7+□=15$

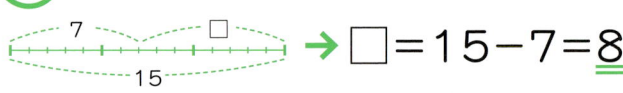

→ $□=15-7=\underline{8}$

例 $8-3=5$

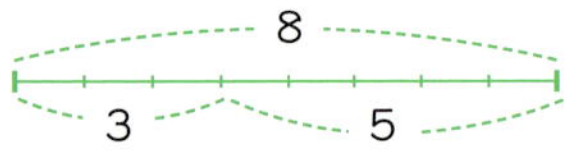

例 $11-□=2$

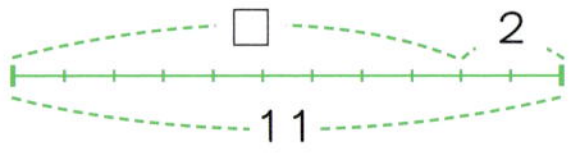

→ $□=11-2=\underline{9}$

面積図 …数の大きさを面積で表した図のこと。
かけ算とわり算を表すことができます。

例 $3×4=12$

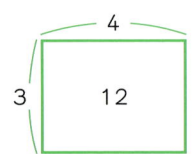

例 $□×5=10$

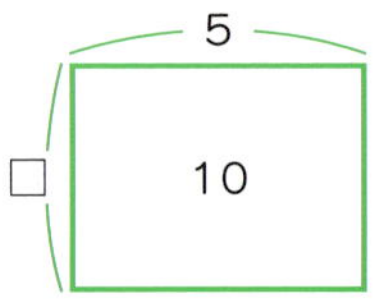

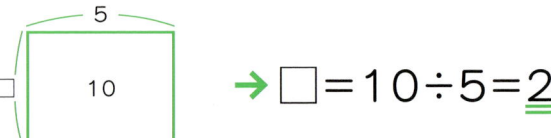

→ $□=10÷5=\underline{2}$

例 $56÷8=7$

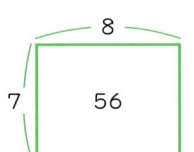

例 $□÷5=6$

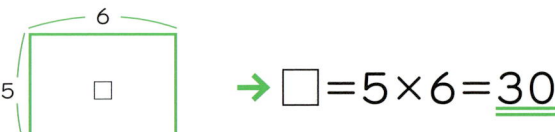

→ $□=5×6=\underline{30}$

演習 線分図と面積図を両方使って□を求めましょう。

① $□×4+15=35$

② $(30-□)÷6=4$

答え たし算、ひき算とかけ算、わり算が両方使われている場合は、線分図と面積図を両方使います。まずは使う順番を見分けましょう。

①
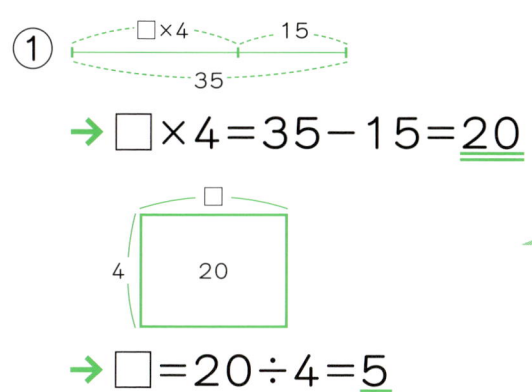

→ $□×4=35-15=\underline{20}$

→ $□=20÷4=\underline{5}$

最後のたし算の結果が35なので、まず線分図を使って考えていきます。
↓
次はかけ算なので、面積図を使います。□はわり算で求めましょう。

②
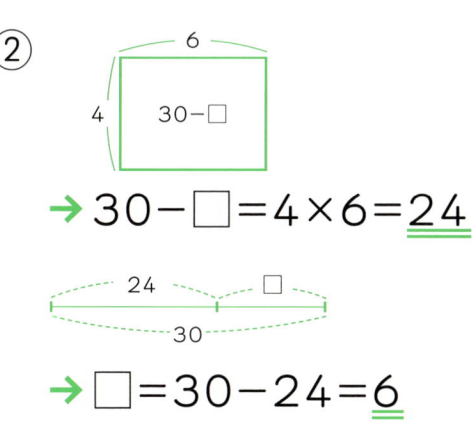

→ $30-□=4×6=\underline{24}$

→ $□=30-24=\underline{6}$

最後のわり算の結果が4なので、まず面積図を使って考えています。
↓
次はひき算なので線分図を使います。□はひき算で求めましょう。

こんな間違いに注意！ 線分図と面積図の使い分けをミスしやすいのでくり返し図式化する練習をしましょう。

PART 3 □を使った計算

□を使った文章題

所要時間：08分

算数力ポイント
最後の計算がたし算・ひき算…線分図→面積図
最後の計算がかけ算・わり算…面積図→線分図

□を使った文章題は線分図と面積図を両方使って解く問題が多いので、まずは正しい式をたて、どちらの図を先に使って解いていくかを覚えましょう。

例 次の文章を読んで、あとの問いに答えてください。

1つ300円のコップを□コ買って1500円はらったらおつりは300円でした。
①□を使った式で表してください。
②□の数を求めてください。

① $1500 - 300 \times \square = 300$

②

1500円からおつりの300円をひいたお金がコップの代金。

→ $300 \times \square = 1500 - 300 = 1200$

コップは1つ300円だから
$300 \times \square = 1200$

→ $\square = 1200 \div 300 = \underline{4}$

演習 次の文章を読んで、あとの問いに答えてください。

Tシャツ3枚と1枚610円のタオルを2枚買って、3320円はらいました。
Tシャツ1枚の値段はいくらでしょうか？
① □を使った式で表してください。
② □の数を求めください。

答え ① □×3+610×2=3320

②
```
   1220      □×3
|―――――|―――――|
       3320
```

3320−1220=□×3=2100

```
   □
 ┌───┐
3│2100│
 └───┘
```

□×3=2100
□=2100÷3=700円

最後のたし算の結果が3320なので、まず線分図を使って考えていきます。

演習 次の文章を読んで、あとの問いに答えてください。

1コ50円のだ菓子を友達13人に買う予定が
□人学校を休んだのでお店の人に500円を払いました。
① □を使った式で表してください。
② □の数を求めてください。

答え ① 50×(13−□)=500

②
```
    13−□
  ┌─────┐
50│ 500 │
  └─────┘
```

13−□=500÷50=10

```
   10   □
|―――|―――|
     13
```

□=13−10=3

こんな間違いに注意！ 線分図と面積図の使う順番を間違えやすいので
図の意味と用途をきちんと理解しましょう。

PART 3 □を使った計算

所要時間：14分

＋－×÷が混ざった計算の決まり

> **算数力ポイント**
> ×÷を先に計算してから、＋－を計算する
> （　　）は最優先で計算する

4つの記号が混ざった式は×÷から先に、＋－はその後に計算しましょう。（　　）は最優先で計算しましょう。小数と分数の混ざった式では、小数を分数に統一してから計算するのがコツです。

＋－×÷が混ざった式

例 ① $2+3\times 4$
①かけ算を先に計算する
$= 2+12$
$= \underline{\underline{14}}$

② $5\times 4 + 2.5\times 4 + 10$
①かけ算を先に計算する
$= 20+10+10$
$= \underline{\underline{40}}$

（　　）を使った式

例 ① $\dfrac{2}{3} - \left(\dfrac{3}{4} - \dfrac{1}{2} \times \dfrac{1}{3} \right)$

$= \dfrac{2}{3} - \left(\dfrac{3}{4} - \dfrac{1}{6} \right)$

$= \dfrac{2}{3} - \left(\dfrac{9}{12} - \dfrac{2}{12} \right)$

$= \dfrac{2}{3} - \dfrac{7}{12}$

$= \dfrac{8}{12} - \dfrac{7}{12} = \underline{\underline{\dfrac{1}{12}}}$

例 ② $\dfrac{3}{4} \div \left(\dfrac{1}{5} + \dfrac{2}{3} \right)$

$= \dfrac{3}{4} \div \left(\dfrac{3}{15} + \dfrac{10}{15} \right)$

$= \dfrac{3}{4} \div \dfrac{13}{15}$

$= \dfrac{3 \times 15}{4 \times 13} = \underline{\underline{\dfrac{45}{52}}}$

分数・小数が混ざった計算

例） $\left(2\dfrac{1}{3} + \underset{①\ 分数に}{1.25} \times \dfrac{1}{6}\right) \div 1\dfrac{1}{5} + \underset{①\ 分数に}{2.75} \div 1\dfrac{1}{8}$

$= \left(2\dfrac{1}{3} + \underset{①\ 分数に}{1\dfrac{1}{4}} \times \dfrac{1}{6}\right) \div 1\dfrac{1}{5} + \underset{①\ 分数に}{2\dfrac{3}{4}} \div 1\dfrac{1}{8}$

$= \left(2\dfrac{1}{3} + \dfrac{5 \times 1}{4 \times 6}\right) \div 1\dfrac{1}{5} + \dfrac{11 \times 8}{4 \times 9}$

$= \left(\dfrac{7}{3} + \dfrac{5}{24}\right) \div \dfrac{6}{5} + \dfrac{88}{36} = \left(\dfrac{56}{24} + \dfrac{5}{24}\right) \times \dfrac{5}{6} + \dfrac{88}{36}$

$= \dfrac{61 \times 5}{24 \times 6} + \dfrac{88}{36} = \dfrac{305}{144} + \dfrac{88}{36}$

$= \dfrac{305}{144} + \dfrac{352}{144} = \dfrac{657}{144} = 4\dfrac{81}{144} = \underline{4\dfrac{9}{16}}$

工夫ができる式

例） たし算・ひき算だけの場合

① $39 - 42 + 53 - 21$ （ひけない場合）
$= 39 + 53 - 42 - 21$
$= \underline{29}$

② $108 + 45 + 22 + 25$
$= 108 + 22 + 45 + 25$
$= 130 + 70$
$= \underline{200}$

たしひきてきりのよい組み合わせがある場合

例） かけ算・わり算の式に同じ数があった場合

※結合法則　□×○+□×△=□×(○+△)

$3.14 \times 7 + 3.14 \times 3$
$= 3.14 \times (7+3)$
$= 3.14 \times 10 = \underline{31.4}$

こんな間違いに注意！ ＋－×÷が混ざった計算式では、いきなり解こうとすると効率が悪くなる場合があるので、解く前に工夫できるか確認できるようにしましょう。

演習 次の計算をしてください。

① $\left(\dfrac{1}{4} + \dfrac{1}{2} \times \dfrac{2}{7}\right) - 0.25$　　② $5 - \left(1.85 - \dfrac{5}{6}\right) \div 3$

答え

① $\left(\dfrac{1}{4} + \dfrac{1}{2} \times \dfrac{2}{7}\right) - 0.25$

$= \left(\dfrac{1}{4} + \dfrac{1 \times 2}{2 \times 7}\right) - \dfrac{25}{100}$

$= \left(\dfrac{1}{4} + \dfrac{2}{14}\right) - \dfrac{1}{4}$ （約分: 2/14 → 1/7）

$= \left(\dfrac{7}{28} + \dfrac{4}{28}\right) - \dfrac{1}{4}$

$= \dfrac{11}{28} - \dfrac{7}{28} = \dfrac{4}{28} = \underline{\underline{\dfrac{1}{7}}}$

② $5 - \left(1.85 - \dfrac{5}{6}\right) \div 3$

$= 5 - \left(\dfrac{185}{100} - \dfrac{5}{6}\right) \div 3$

$= 5 - \left(\dfrac{555}{300} - \dfrac{250}{300}\right) \div 3$ （約分: 111/60, 50/60）

$= 5 - \dfrac{61}{60} \div 3$

$= 5 - \dfrac{61 \times 1}{60 \times 3}$

$= 5 - \dfrac{61}{180}$

$= \dfrac{900}{180} - \dfrac{61}{180}$

$= \dfrac{839}{180} = \underline{\underline{4\dfrac{119}{180}}}$

四則混合 コラム

＋－×÷の計算では、なぜ×÷を先に計算するのでしょうか？
そこには以下のような理由があると考えられます。

①単位が異なっても計算できるのが、かけ算・わり算

たとえば、200円の飴が3個と100円の飴があったとしたら「200円×3個＝600円」というように単位が異なっていても計算できます。逆にいえば、たし算、ひき算は、かけ算やわり算で単位を揃えてからでないとできないということでもあります。
これをもし、たし算で表したとすれば「200円＋200円＋200円」
というように同じ単位に揃えた計算式になります。

②（　　）が省かれている

以上のように、×÷を先に計算しなくてはならないのに、なぜ（　　）がないのでしょうか。おそらく、「×÷は先に計算する」というルールが当たり前になり、よりシンプルに表現するために省かれるようになったのだと考えられます。
そのため、＋－を先に計算する場合にだけ（　　）をつけて計算することになります。

このような「なぜ？」について考えることも、「論理的思考力」を鍛えることにつながります。お子様に問いかけながら、ぜひ一緒に考えてみてください。

PART 4

平面図形

お父様、お母様へ

図形には、「四角形」「三角形」「多角形」「円」があります。まず、お子様にこれらの図形の性質をしっかり理解させることが大切です。ただ面積や角度を求める公式を覚えさせても、図形の性質が理解できていなければ応用問題や、わかりにくい問題でつまずくことになるので注意しましょう。

【図形の性質】
「四角形」…文字通り4つの角を持ち、直線で囲まれた図形のこと。内角の和は、必ず360度になります。「正方形」「長方形」「平行四辺形」「ひし形」は、向かい合った2組の辺は必ず平行です。ほかに「台形」があります。正方形と長方形は特別な四角形で、4つの角がすべて直角（90度）です。平行四辺形とひし形は、対面する角の角度が等しく、平行四辺形と長方形は、対面する辺の長さが等しいのが特徴。正方形とひし形は、4辺の長さがすべて等しくなります。

「三角形」…文字通り3つの角を持ち、直線で囲まれた図形のこと。内角の和は、必ず180度になります。「正三角形」は3つの辺と角度がすべて等しい三角形、「二等辺三角形」は2つの辺と2つの角度が等しい図形です。

「円」…中心から等しい距離にある点が集まった図形のこと。点から中心までの長さを「半径」、中心を通った点から点までの長さを「直径」と呼びます。

【面積の単位】
cm×cmで求めた図形の面積はcm²で表します。

PART 4

平面図形

所要時間：08分

長方形と正方形の面積

> **算数力ポイント**
> 長方形の面積 → たて×よこ
> 正方形の面積 → 1辺×1辺

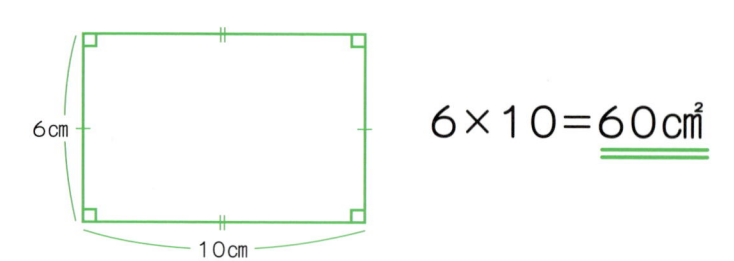

はじめに四角形の定義を理解し、公式の意味を理解しましょう。

四角形の定義

4つの直線で囲まれた図形で、4つの頂点があるもの。正方形や長方形、平行四辺形、ひし形、台形などがあります。4つの角がすべて直角〈90度〉の四角形は、正方形と長方形です。

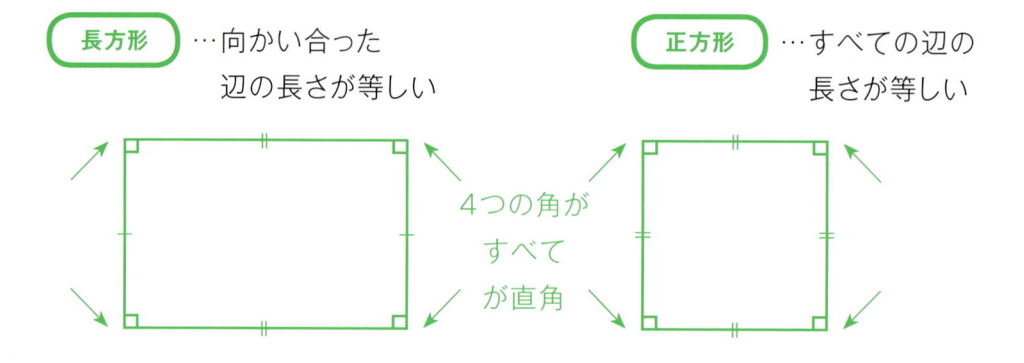

長方形…向かい合った辺の長さが等しい

正方形…すべての辺の長さが等しい

4つの角がすべてが直角

公式 ① 〈長方形の面積〉→ たて×よこ

6cm、10cm

$6 \times 10 = \underline{60 cm^2}$

公式 ② 〈正方形の面積〉 ➡ 1辺×1辺

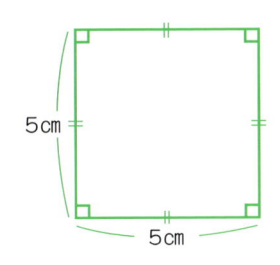

$5 \times 5 = \underline{25}$ cm²

公式 ③ 〈正方形の面積の別の求め方〉
➡ 対角線×対角線÷2

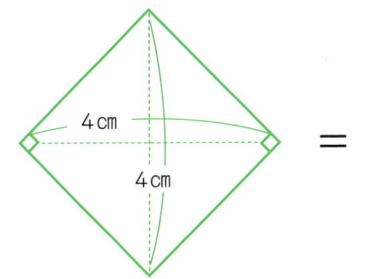

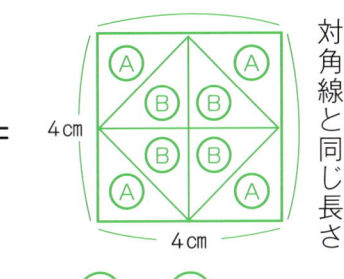

$4 \times 4 \div 2 = \underline{8}$ cm²

Ⓐ と Ⓑ の面積は等しいので小さな正方形は大きな正方形の半分の面積になります

演習 ①②③の四角形の面積を求めましょう。

① 長方形（3cm × 5.5cm）
② 正方形（4cm × 4cm）
③ 正方形（対角線 6cm × 6cm）

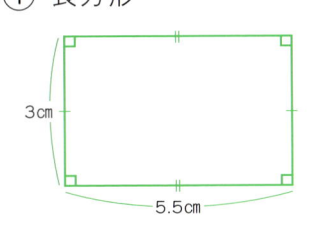

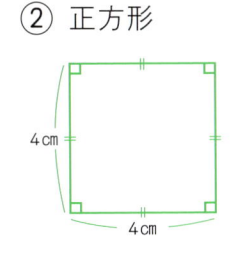

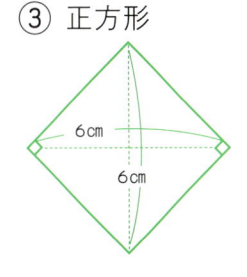

答え
① 長方形 → $3 \times 5.5 = \underline{16.5}$ cm²
② 正方形 → $4 \times 4 = \underline{16}$ cm²
③ 正方形 → 長さから $6 \times 6 \div 2 = \underline{18}$ cm²

こんな間違いに注意！ 正方形の面積は、辺で求める公式だけでなく、対角線から求める公式も出題されるので混乱しないようにしましょう。

PART 4 平面図形

所要時間：08分

平行四辺形・ひし形・台形の面積

算数力ポイント

平行四辺形の面積→底辺×高さ
ひし形の面積→対角線×対角線÷2
台形の面積→（上底＋下底）×高さ÷2

四角形には、ほかに平行四辺形、ひし形、台形があります。
それぞれの特徴を理解したうえで、公式を覚えて使えるようになりましょう。

平行四辺形

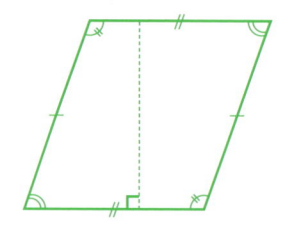

・向かい合った2組の辺が平行
・向かい合った2組の角が同じ角度

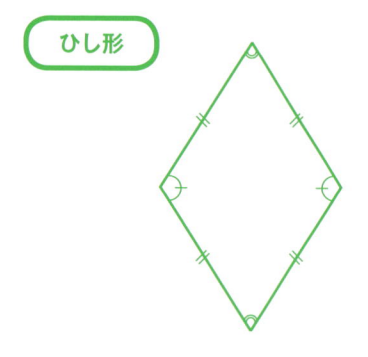

ひし形

・すべての辺の長さが等しい
・向かい合った2組の角が同じ角度

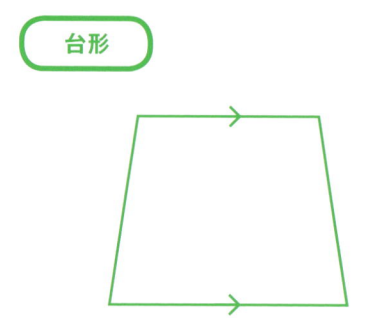

台形

・上下の辺が平行
・上下の辺の長さが違う

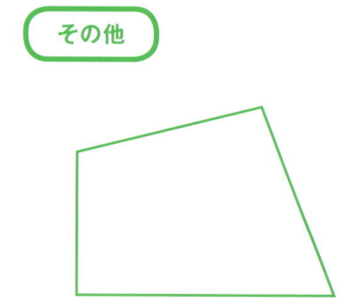

その他

・4辺の直線に囲まれた四角形

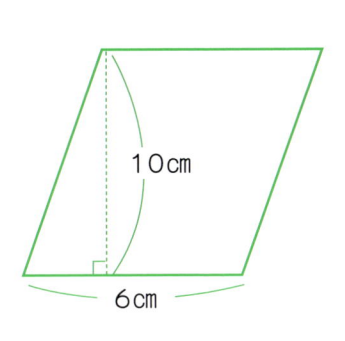

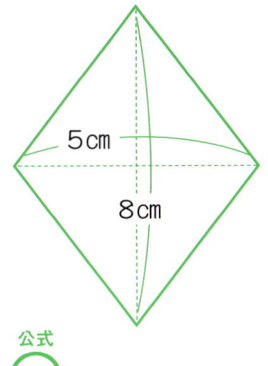

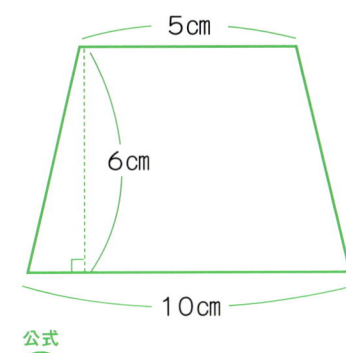

公式
① 〈平行四辺形の面積〉
→ 底辺×高さ
6×10=60㎠

公式
② 〈ひし形の面積〉
→ 対角線×対角線÷2
5×8÷2=20㎠

公式
③ 〈台形の面積〉
→ (上底+下底)×高さ÷2
(5+10)×6÷2=45㎠

台形 コラム 台形の面積はなぜ「(上底+下底)×高さ÷2」になるのでしょうか

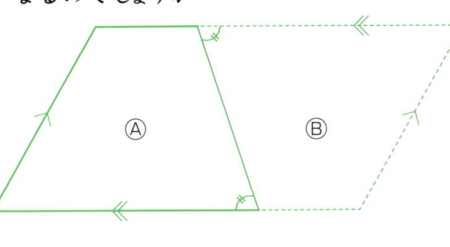

台形Ⓐをひっくり返して合わせると平行四辺形になります。ⒶとⒷの面積は等しいので、Ⓐは平行四辺形の面積を2等分した面積になるのです。

演習 ①②③の四角形の面積を求めましょう。

① 台形 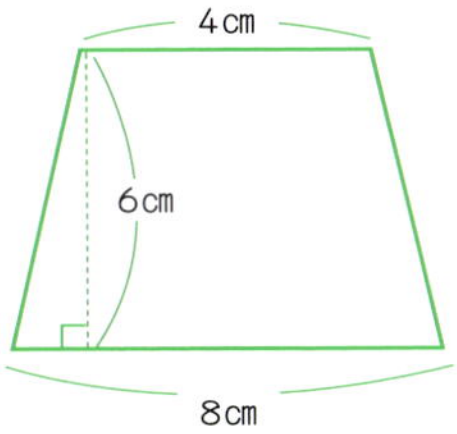
② ひし形 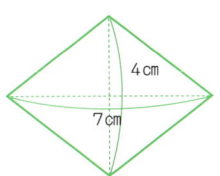
③ 平行四辺形

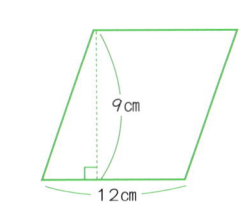

答え
① 台形→
(4+8)×6÷2
=36㎠

② ひし形→
7×4÷2
=14㎠

③ 平行四辺形→
12×9
=108㎠

こんな間違いに注意！ それぞれの図形の性質を理解していないと間違った公式をあてはめてしまうので、まずは特徴をつかみましょう。

PART **4**

平面図形

三角形の面積

所要時間：13分

> **算数力ポイント** 三角形の面積 → 底辺×高さ÷2

三角形の定義 3つの直線に囲まれた図形で、3つの頂点を持っています。

公式① 〈三角形の面積〉 → 底辺×高さ÷2

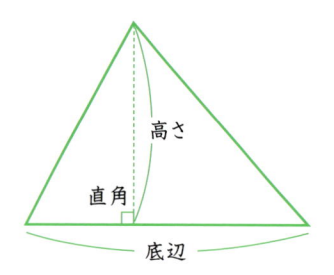

どの辺を底辺にしても
底辺と高さはいつも直角です。
底辺と高さの組み合わせは3通りあり、
どの組み合わせで計算しても同じ
結果になります。

三角形 コラム 三角形の面積はなぜ「底辺×高さ÷2」なのでしょうか？

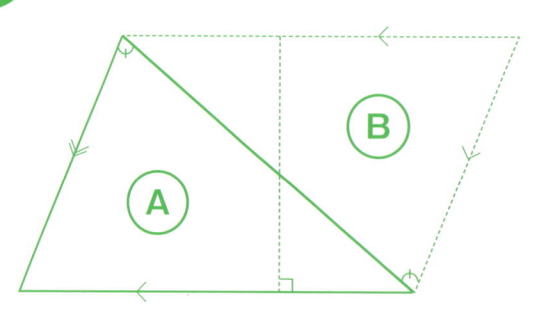

三角形Ⓐの2つの頂点から向かい合う辺に平行な直線を引いて平行四辺形を作ります。三角形ⒶとⒷは等しいので、Ⓐは平行四辺形の面積を2等分した面積になるのです。

三角形の種類

通常の三角形のほかに、特殊な三角形もあります。

正三角形
三辺の長さと3つの角が等しい三角形

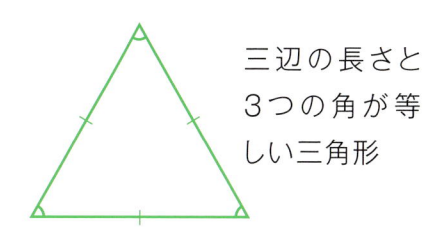

二等辺三角形
二辺の長さと2つの角が等しい三角形

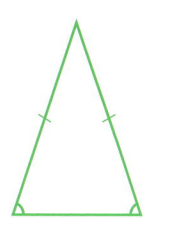

演習 ①②の三角形の面積を求めましょう。

① (12cm, 8cm)

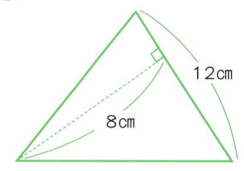

② (7cm, 10cm)

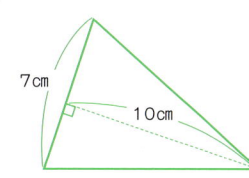

答え
① $12 \times 8 \div 2 = \underline{48cm^2}$

② $7 \times 10 \div 2 = \underline{35cm^2}$

底辺と高さがわかりにくい三角形

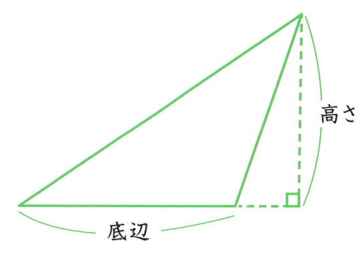

底辺と高さが見つけにくい三角形は、補助線を引いて面積を求めます。

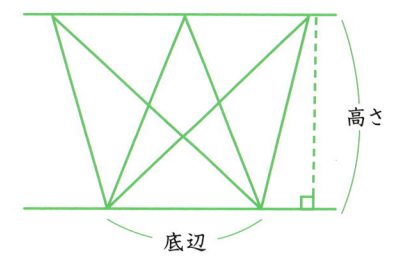

底辺と高さが同じであれば、3つの三角形の面積は等しくなります。

こんな間違いに注意！ 三角形の底辺は図形の下の辺とは限りません。高さに対して直角に交わる辺であることを確認してから、面積を求めましょう。

演習 ①②の三角形の面積を求めましょう。

① (10cm, 4cm)

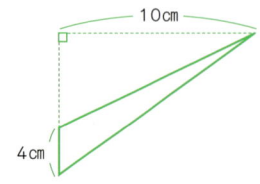

② (12cm, 60c㎡, □cm)

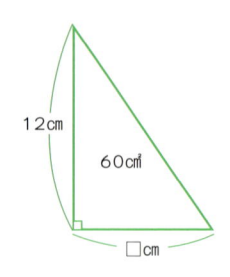

答え ① 4×10÷2=20c㎡

② □×12÷2=60
　　=□×6=60
　　□=10cm

演習 下の三角形について問いに答えましょう。

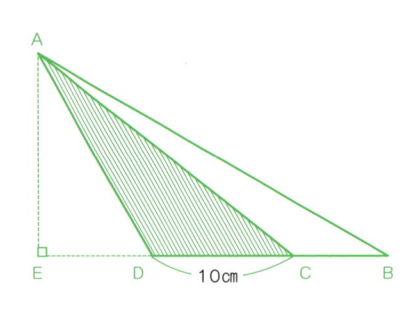

① 斜線部の面積が40c㎡のとき辺AEの長さは何cmですか。

② △ABCの面積が24c㎡のとき辺BCの長さは何cmですか。

答え ① △ADCの底辺は10cm、面積は40c㎡なので
　　10×□÷2=40　という式になります。
　　□=8　　　　　　辺AE=8cm

② ①により、△ABCの高さは8cm、面積は24c㎡なので
　　□×8÷2=24　という式になります。
　　□=6　　　　　　辺BC=6cm

PART 4
平面図形

所要時間：10分

円周と円の面積

> **算数力ポイント**
>
> 円周→直径×円周率（3.14）
> 円の面積→半径×半径×円周率（3.14）

まず、円の定義を理解してから、公式を覚えましょう。

円の定義　円は、中心の点から等しい距離にある点の集まりです。

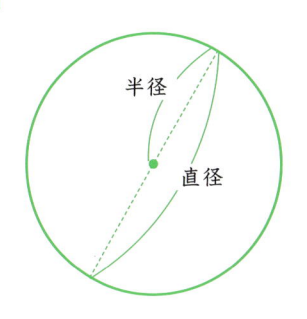

この中心点から点までの等しい距離を半径といいます。一方の点から中心点を通ってもう一方の点までの直線の距離を直径といいます。

※円周率とは、円周の直径に対する値で「3.14」とします。

公式① 〈円周〉➡ 直径×円周率（3.14）

10cm

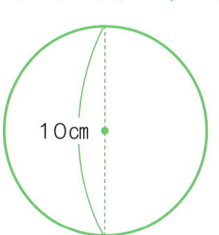

10×3.14＝31.4cm

公式② 〈円の面積〉➡ 半径×半径×円周率（3.14）

5cm

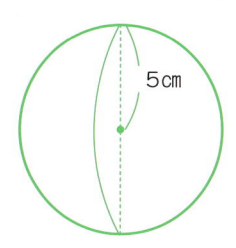

5×5×3.14＝78.5cm²

| 演習 | ①の円周の長さと、②の円の面積を求めましょう。円周率は3.14とします。 |

① 7cm

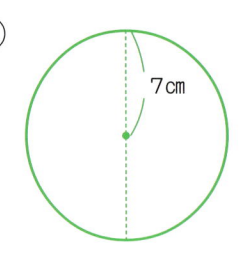

② 16cm

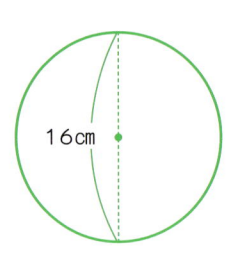

| 答え | ① 直径＝7×2＝14　　② 半径＝16÷2＝8
　　　14×3.14＝<u>43.96cm</u>　　　8×8×3.14＝<u>200.96cm²</u> |

| 演習 | ①面積が113.04cm²の円の半径を求めましょう。
円周率は3.14とします。

②円周が37.68cmの円の直径を求めましょう。
円周率は3.14とします。 |

| 答え | ① □×□×3.14＝113.04
□×□＝113.04÷3.14＝36
□×□＝36　　□＝<u>6cm</u>

② □×3.14＝37.68
□＝37.68÷3.14＝12
<u>□＝12cm</u> |

| こんな間違いに注意！ | 円周と面積を求めるときに、半径と直径を間違えて計算しやすいのではっきり区別できるようになりましょう。 |

PART 4 平面図形

所要時間：12分

おうぎ形の面積と弧の長さ

算数力ポイント

おうぎ形の面積 → 円の面積 × $\dfrac{中心角}{360°}$

弧の長さ → 円周 × $\dfrac{中心角}{360°}$

公式を覚えてから、その意味もきちんと理解しましょう。

公式 ①　〈おうぎ形の弧の長さ〉 ➡ 円周 × $\dfrac{中心角}{360°}$

（半径5cm、中心角90°のおうぎ形）

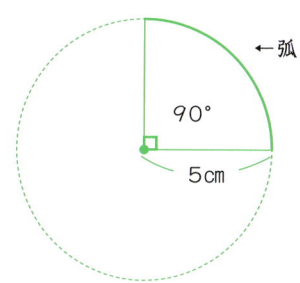

① まず円周を求める
　5×2＝10…直径
　10×3.14＝31.4cm…円周

② 円周で弧の長さを求める
　31.4× $\dfrac{90°}{360°}$ ＝<u>7.85cm</u>

check! 90°の中心角は、360°の $\dfrac{1}{4}$（＝$\dfrac{90°}{360°}$）なので弧の長さは、円周の $\dfrac{1}{4}$

公式 ②　〈おうぎ形の面積〉 ➡ 半径×半径×円周率× $\dfrac{中心角}{360°}$

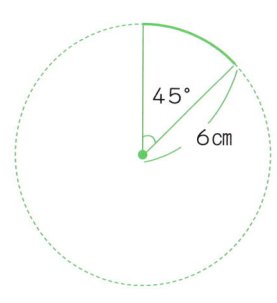

（半径6cm、中心角45°のおうぎ形）

① まず円全体の面積を求める
　6×6×3.14＝113.04cm²

② 円の面積からおうぎ形の面積を求める
　113.04× $\dfrac{45°}{360°}$ ＝<u>14.13cm²</u>

check! 45°の中心角は、360°の $\dfrac{1}{8}$（＝$\dfrac{45°}{360°}$）なのでおうぎ形の面積は、円の面積の $\dfrac{1}{8}$

演習 ①と②のおうぎ形の面積と弧の長さを求めましょう。円周率は3.14とします。
答えは小数点3位で四捨五入してください。

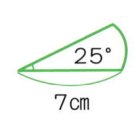

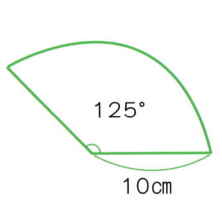

① 25° 7cm

② 125° 10cm

答え ① おうぎ形の面積
→ $7 \times 7 \times 3.14 \times \dfrac{25°}{360°} = \underline{10.68\text{cm}^2}$

弧の長さ
→ $7 \times 2 \times 3.14 \times \dfrac{25°}{360°} = \underline{3.05\text{cm}}$

② おうぎ形の面積
→ $10 \times 10 \times 3.14 \times \dfrac{125°}{360°} = \underline{109.03\text{cm}^2}$

弧の長さ
→ $10 \times 2 \times 3.14 \times \dfrac{125°}{360°} = \underline{21.81\text{cm}}$

演習 ①と②のおうぎ形の弧の長さと面積から半径を求めましょう。
円周率は3.14とします。

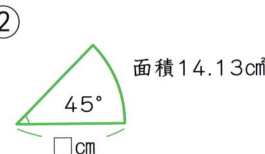

① 90° 弧6.28cm □cm

② 45° 面積14.13cm² □cm

答え ① $\square \times 2 \times 3.14 \times \dfrac{90}{360} = 6.28$

$\square \times \dfrac{2 \times 314 \times 1}{100 \times 4} = \square \times \dfrac{628}{400}$

$\square \times \dfrac{157}{100} = 6.28$ $\square = 6.28 \times \dfrac{100}{157}$ $\square = \underline{4\text{cm}}$

② $\square \times \square \times 3.14 \times \dfrac{45}{360} = 14.13$ $\square \times \square \times \dfrac{314}{100} \times \dfrac{1}{8} = 14.13$

$\square \times \square = 14.13 \times \dfrac{800}{314} = 36$ $\square = \underline{6\text{cm}}$

こんな間違いに注意！ $\dfrac{中心角}{360°}$ を入れて計算する場合は、小数も分数にそろえて計算しましょう。

PART 4 平面図形

複雑な面積の求め方

所要時間：13分

算数力ポイント
・いくつかの図形に分ける
・全体の面積から図形をひく

複雑な面積を求めるには、図形をいくつかに分けて考えるか全体の面積から引いて考えるかの2通りがあります。

いくつかの図形に分けて考える

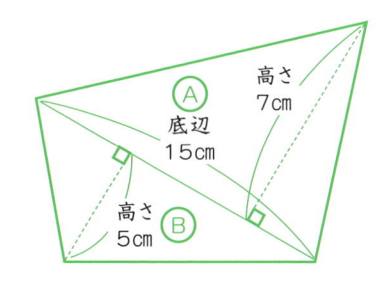

向かい合った角に補助線をひいて2つの三角形にします。
ここからそれぞれの面積を求めて最後に合計します。

Ⓐ 15×7÷2＋ Ⓑ 15×5÷2
＝52.5＋37.5＝90
90㎠

底辺15cm、高さ7cm（Ⓐ）、高さ5cm（Ⓑ）

演習 ①と②の図形の面積を求めましょう。

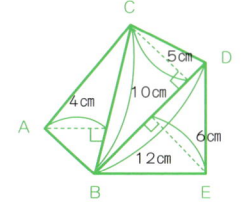

① 図形：C, D, A, B, E、5cm, 10cm, 4cm, 6cm, 12cm

② R＝10の円 $\frac{90°}{360°}$ 分を引く
20cm、10cm

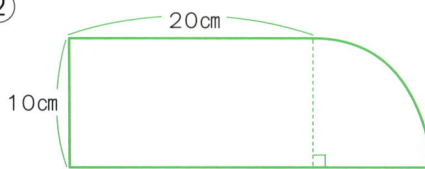

答え

① 3つの三角形
△ABC＋△CBD＋△EDB＝10×4÷2＋12×5÷2＋12×6÷2
＝20＋30＋36＝**86㎠**

② 長方形＋おうぎ形
$10×20+10×10×3.14× \frac{90}{360} =200+314× \frac{1}{4}$
＝200＋78.5＝**278.5㎠**

全体の面積からひいて考える

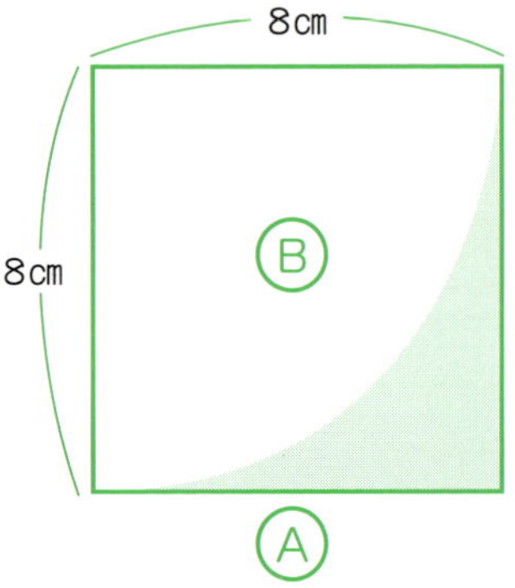

色のついた部分の面積を求めるには、全体（正方形の面積）からおうぎ形の面積をひいて求めます。

例

（正方形 8cm × 8cm、B、A）

> 正方形の角はすべて直角＝90°

$$8 \times 8 - 8 \times 8 \times 3.14 \times \frac{90}{360}$$
$$= 64 - 8 \times 8 \times 3.14 \times \frac{1}{4}$$
$$= 64 - 50.24$$
$$= 13.76 \text{cm}^2$$

演習 ①②③の色のついた部分の面積を求めましょう。

① 7cm × 7cm、6cm、3cm
② 3cm、2cm、3.5cm、5cm、3cm
③ 9cm × 9cm

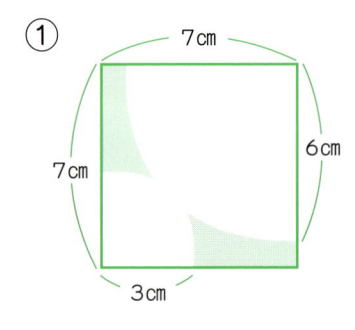

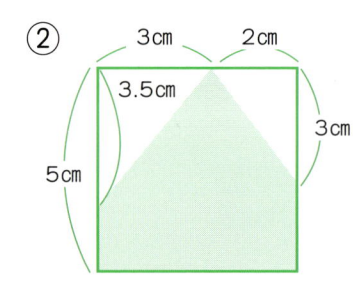

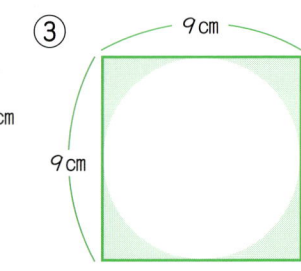

答え

① $7 \times 7 - 6 \times 6 \times 3.14 \times \frac{90}{360} - 3 \times 3 \times 3.14 \times \frac{90}{360}$
$= 49 - 28.26 - 7.065$
$= 13.675 \text{cm}^2$

> 正方形から2つのおうぎ形の面積をひいて求めます

② $(2+3) \times 5 - 3.5 \times 3 \div 2 - 2 \times 3 \div 2$
$= 25 - 5.25 - 3 = 16.75 \text{cm}^2$

> 長方形から2つの三角形の面積をひいて求めます

③ $9 \times 9 - 4.5 \times 4.5 \times 3.14$
$= 81 - 63.585 = 17.415 \text{cm}^2$

> 正方形から円の面積をひいて求めます

こんな間違いに注意！　複雑な面積の問題は、一見難しく感じてしまいがちですが、補助線を引いていくつかの図形に分類することができれば簡単に解けます。

PART 5

立体図形

お父様、お母様へ

立体図形とは平面図形に高さを加えた立体的な図形のことです。底面の形によって名前が変わります。底面が三角形なら「三角柱」、四角形なら「四角柱」になります。円は、「円柱」と「円錐」があります。立体図形になると、体積を求める問題が出てきます。体積とはその図形の大きさのことです。これを容積ともいい、その立体図形を箱と考えて、その中に入る量のことと考えます。体積＝容積とお子様に教えましょう。

また、表面積を求める問題も出てきます。これは、立体図形の展開図の面積と等しいと考えます。一度、立体図形を紙で作ってから展開図にしてみるとイメージがつかみやすくなります。立体図形を見て、その展開図が頭の中でイメージできるように繰り返し練習させましょう。

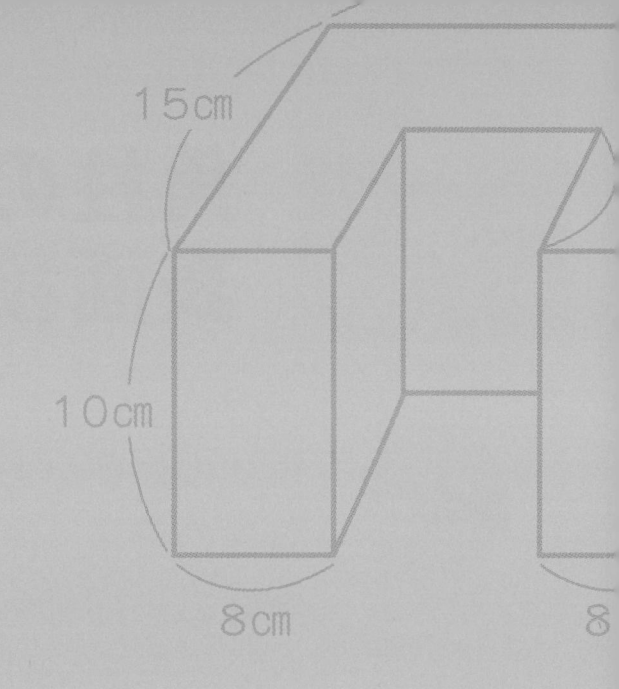

【立体図形の性質】
三角柱・四角柱…三角形、四角形を底面とした柱状の立体図形。底面積を求めることができれば、高さをかけて体積を求めることができます。

円柱・円錐…円を底面とした柱形の円柱と、きり状に尖った円すいがあります。

複雑な立方体の問題は、四角柱や三角柱、円柱などに分解して考えるか、底面積を求めてから高さをかける方法があります。また、全体から空いた部分をひくやり方もあります。考え方をしっかりと教えてあげましょう。

【体積の単位】
cm×cm×cmで求めた図形の面積は、「c㎥」で表します。容積の単位は、「1ℓ＝10dℓ（デシリットル）＝1000c㎥」となります。

PART 5 立体図形

角柱の体積・容積・表面積

所要時間：15分

> **算数力ポイント**
> 角柱の体積→底面積×高さ
> 角柱の容積＝体積
> 角柱の表面積＝展開図の面積

角柱の体積は、底面積を求めてから柱の高さをかけて求めます。
容積とは、箱の中に入る量を表すことで、体積と同じです。

角柱の定義　底面が三角形、四角形などの立体の柱のこと。
高さは、底面に垂直な辺の長さです。

公式① 〈角柱の体積〉➡ 底面積×高さ

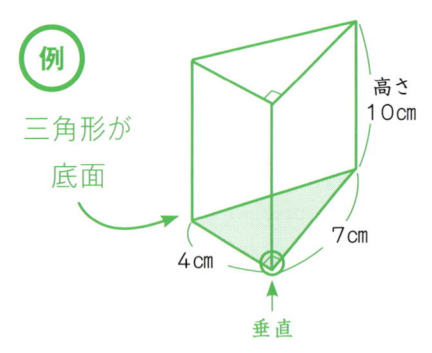

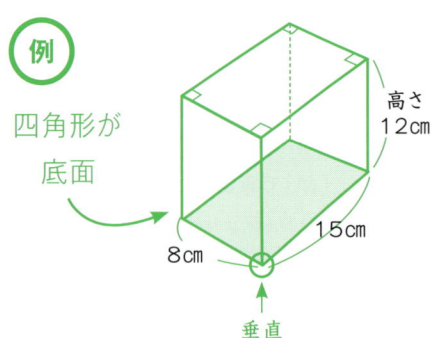

例 三角形が底面（高さ10cm、4cm、7cm、垂直）

左の三角柱の体積を求めましょう。
① まず底面の三角形の面積を求める
　4×7÷2＝14cm²
② 底面積に柱の高さをかける
　14×10＝<u>140cm³</u>
※体積は「cm³」で表します。

例 四角形が底面（高さ12cm、8cm、15cm、垂直）

左の四角柱の体積を求めましょう。
① まず底面の四角形の面積を求める
　8×15＝120cm²
② 底面積に柱の高さをかける
　120×12＝<u>1440cm³</u>
※体積は「cm³」で表します。

公式 ② 〈角柱の容積〉 ➡ 容積＝体積 ➡ 底面積×高さ

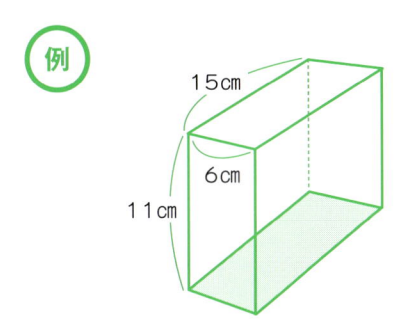

例

左の四角柱の容積を求めましょう。

① 容積＝体積だから、まず底面積を求める
15×6＝90㎠

② 底面積に柱の高さをかける
90×11＝<u>990㎤</u>

※容積も体積と同じ「㎤」で表します。

公式 ③ 〈角柱の表面積〉 ➡ 展開図の面積と同じ

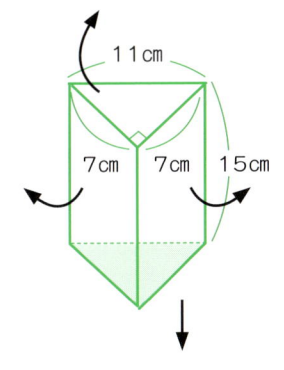

それぞれの面を矢印の方向へ展開

左の三角柱の表面積を求めましょう。

① 底面積を求める
7×7÷2＝24.5㎠

② 側面の面積を求める
(7＋11＋7)×15＝375㎠

③ 底面積と側面積をたす
24.5×2＋375＝<u>424㎠</u>

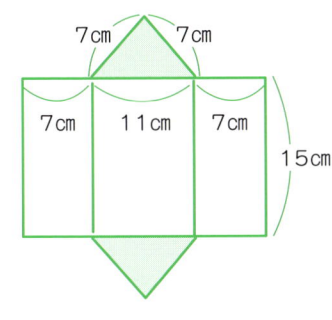

表面積は、展開図の面積と等しいので、底面の面積×2に側面の面積をたしたものになります。

こんな間違いに注意！ 表面積を求める問題は、展開図を正確にかくことが重要です。立体図形を見てすぐに展開図が想像できるように練習しましょう。

演習 下の立体図形の体積を求めましょう。

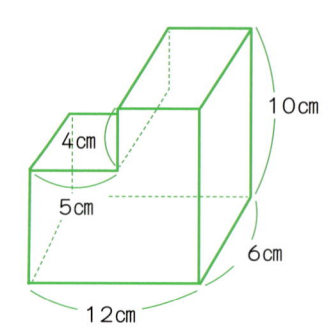

答え 2つの角柱に分けて考えます。

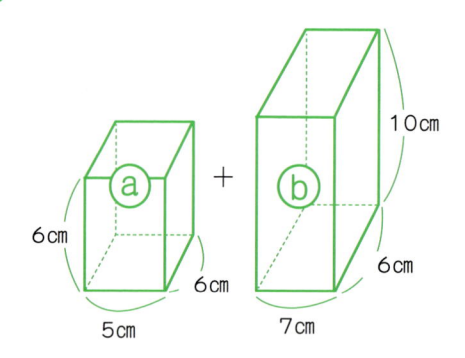

ⓐ の体積
→ 5×6×6 = 180㎤

ⓑ の体積
→ 7×6×10 = 420㎤

ⓐ + ⓑ → 180+420 = <u>600㎤</u>

演習 下の角柱の色がついた部分の体積を求めましょう。

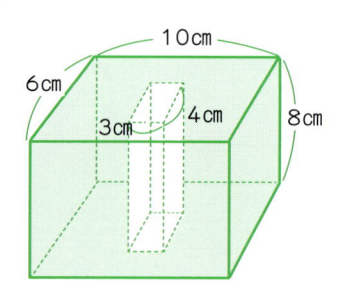

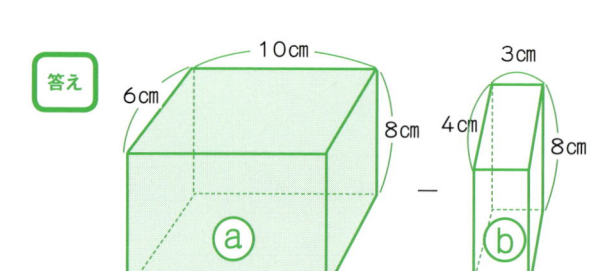

ⓐ の体積
→ 10×6×8 = 480㎤

ⓑ の体積
→ 3×4×8 = 96㎤

ⓐ − ⓑ → 480−96 = <u>384㎤</u>

演習 下の立体図形の体積を2通りの方法で求めましょう。

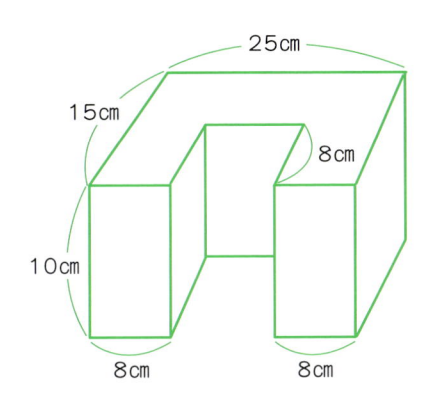

答え ① 大きな四角柱からぬけている小さな四角柱をひいて求めます。

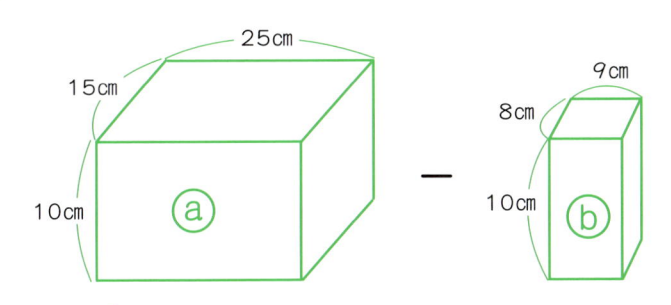

ⓐ の体積
→ 25×15×10＝3750cm³

ⓑ の体積
→ 8×(25－8×2)×10＝720cm³

ⓐ － ⓑ
→ 3750－720＝3030
　　　　　　3030cm³

② 底面積を求めてから高さをかけて求めます。

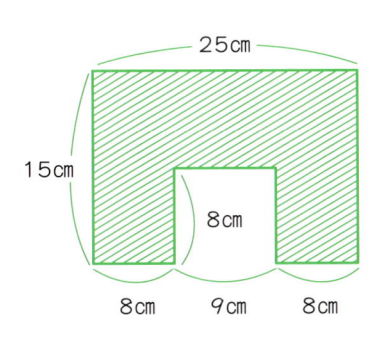

25×15－8×9
＝375－72
＝303cm² …斜線部の底面積
303×10＝3030cm³

PART 5 立体図形

円柱と円すいの体積・表面積

所要時間：14分

算数力ポイント
円柱の体積 → 底面積×高さ
円すいの体積 → 底面積×高さ÷3

円柱の定義 …底面が円の形をした立体の柱のこと。

公式① 〈円柱の体積〉➡ 底面積×高さ

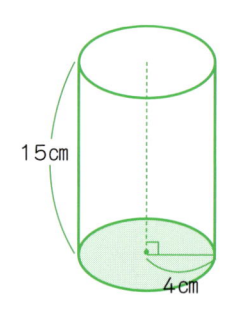

左の円柱の体積を求めましょう。
① 底面の円の面積を求める
  4×4×3.14＝50.24㎠
② 底面積に高さをかける
  50.24×15＝<u>753.6㎤</u>

（図：高さ15cm、底面の半径4cmの円柱）

公式② 〈円柱の表面積〉➡ 展開図の面積と同じ

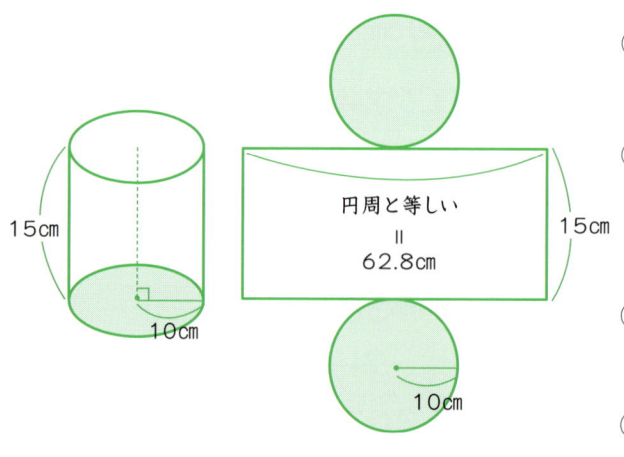

（図：高さ15cm、底面の半径10cmの円柱と展開図。長方形の横＝円周と等しい＝62.8cm）

① まず底面の円の円周を求める
  20×3.14＝62.8cm
② 2つの円の面積を求める
  10×10×3.14＝314㎠
  314×2＝628㎠
③ 側面の面積を求める
  62.8×15＝942㎠
④ 2つの円の面積と側面積をたす
  942＋628＝<u>1570㎠</u>

円すいの定義 底面が円で先がとがった立体のこと。

公式① 〈円すいの体積〉 ➡ 底面積×高さ÷3

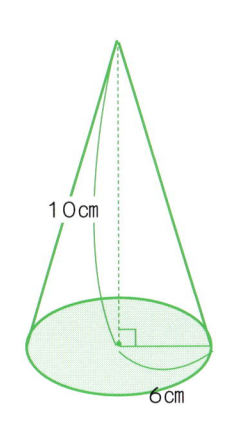

① まず底面積を求める
6×6×3.14＝113.04cm²

② 底面積に高さをかけて3でわる
113.04×10÷3＝376.8cm³

公式② 〈円すいの表面積〉 ➡ 展開図の面積と同じ

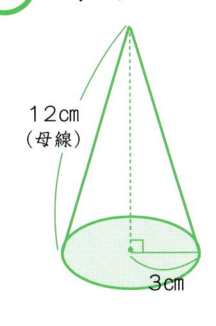

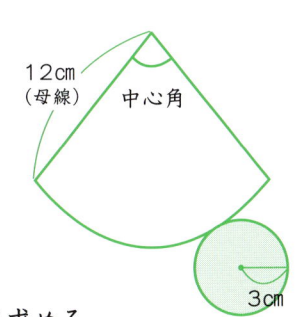

円すいの展開図は、底面の円と側面のおうぎ形になります。おうぎ形の面積を出すには、「中心角を求める公式」を使いますので覚えておきましょう。ちなみに公式にある「母線」とは、おうぎ形の半径のことです。

① まず底面積を求める
3×3×3.14
＝28.26cm²

② 中心角を求める
$$\frac{3}{12}=\frac{□}{360}$$
□＝90°…中心角

③ 側面のおうぎ形の面積を求める
$$12×12×3.14×\frac{90}{360}=113.04 cm²$$

中心角を求める公式
$$\frac{底面の半径}{母線の長さ}=\frac{中心角}{360°}$$

④ 底面積と側面積をたす
＝28.26＋113.04
＝141.3cm²

こんな間違いに注意！ 円すいの展開図は想像しづらいですが、すべておうぎ形と円になると覚えておきましょう

演習 下の円柱・円すいの体積を求めましょう。

① 　　　　　　　　　　　　　②

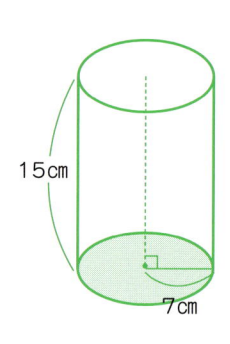

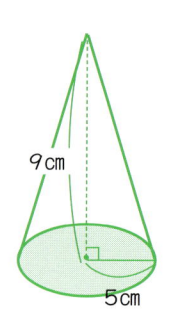

答え
① $7 \times 7 \times 3.14 = 153.86$
　　$153.86 \times 15 = \underline{\underline{2307.9 \text{cm}^3}}$

② $5 \times 5 \times 3.14 = 78.5$
　　$78.5 \times 9 \div 3 = \underline{\underline{235.5 \text{cm}^3}}$

演習 下の図は円すいの展開図です。

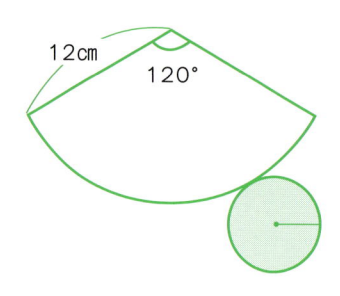

① 底面の円の半径を求めましょう。
② 円すいの表面積を求めましょう。

答え
① $12 \times 2 \times 3.14 \times \dfrac{120}{360} = 25.12 \text{cm}$

　　$\square \times 2 \times 3.14 = 25.12$
　　$\square \times 6.28 = 25.12$
　　$\square = \underline{\underline{4 \text{cm}}}$

> まずはじめに
> おうぎ形の弧の長さ
> （＝底面の円周）を
> 求めます

② $4 \times 4 \times 3.14 + 12 \times 12 \times 3.14 \times \dfrac{120}{360} = \underline{\underline{200.96 \text{cm}^2}}$

PART 6

倍数と公倍数／約数と公約数

お父様、お母様へ

ある数を1倍、2倍、3倍…していった整数の積を「倍数」といいます。かけ算とかかわりの深い分野であるばかりでなく、倍数を集合体と考えると数どうしに目に見えない規則性が存在することがわかります。お子様にも十分に理解させましょう。頭の中で倍数がパッとひらめくようになると、計算がスピードアップしていくのがわかります。

いくつかの整数に共通の倍数を「公倍数」、そのうち一番小さい数を「最小公倍数」といいます。最小公倍数は、大きい数の倍数で確認するか、筆算で求めます。倍数の規則性は小学校高学年の算数や数学の基礎にもなりますので、今後のためにもしっかり学ばせましょう。

一方、ある数を割り切ることのできる整数を「約数」といいます。約数は倍数とも深く関係しており、整数aがbの倍数ならば、bはaの約数になります。そのため、ある数の倍数と約数全体をそれぞれひとつの集合体としてとらえることが重要です。

いくつかの整数に共通の約数を「公約数」、そのうち一番大きい数を「最大公約数」といいます。公約数は小さい数の約数から確認するか、筆算で求めます。このとき、最小公倍数の求め方と間違えないようにしっかりと区別して覚えさせましょう。約数は倍数と同様に小学校高学年の算数や中学校からの数学の基礎にもなります。

PART 6
倍数と公倍数／約数と公約数

所要時間：10分

倍数と公倍数

算数力ポイント 公倍数は最小公倍数の倍数となる

倍数とは たとえば、2を1倍、2倍、3倍……していくと、それぞれ2、4、6……となります。このような整数の積を「倍数」といいます。

公倍数とは いくつかの整数に共通の倍数を「公倍数」といいます。

例 [3の倍数] 3、6、9、⑫、15、18、21、㉔…
　　[4の倍数] 4、8、⑫、16、20、㉔…
　　　　　　　　　　　　　　　　　　　　　　　12、24が3と4の公倍数

最小公倍数と公倍数の見つけ方

上記の例の3と4の公倍数のうち、一番小さい数12を「最小公倍数」といいます。
公倍数は最小公倍数の倍数
（12×1＝12、12×2＝24、12×3＝36……）
になります。そこで、公倍数を求めるときは、まず最小公倍数を見つけて、そのあと最小公倍数の倍数から公倍数を求めます。

なお、最小公倍数を見つけるときは、大きい数の倍数で確認します。たとえば、3と16の最小公倍数を見つけるときは16の倍数でチェックしましょう。

最小公倍数を筆算で求める

① 2つの場合（18、30）

```
2 ) 18  30
3 )  9  15
     3   5
```
共通にわれる整数でわる
われない数はそのままに
共通にわれる整数がなくなったら終わり

これらをすべてかける
$2 \times 3 \times 3 \times 5 = 90$
最小公倍数は90

② 3つ以上の場合（12、32、48）

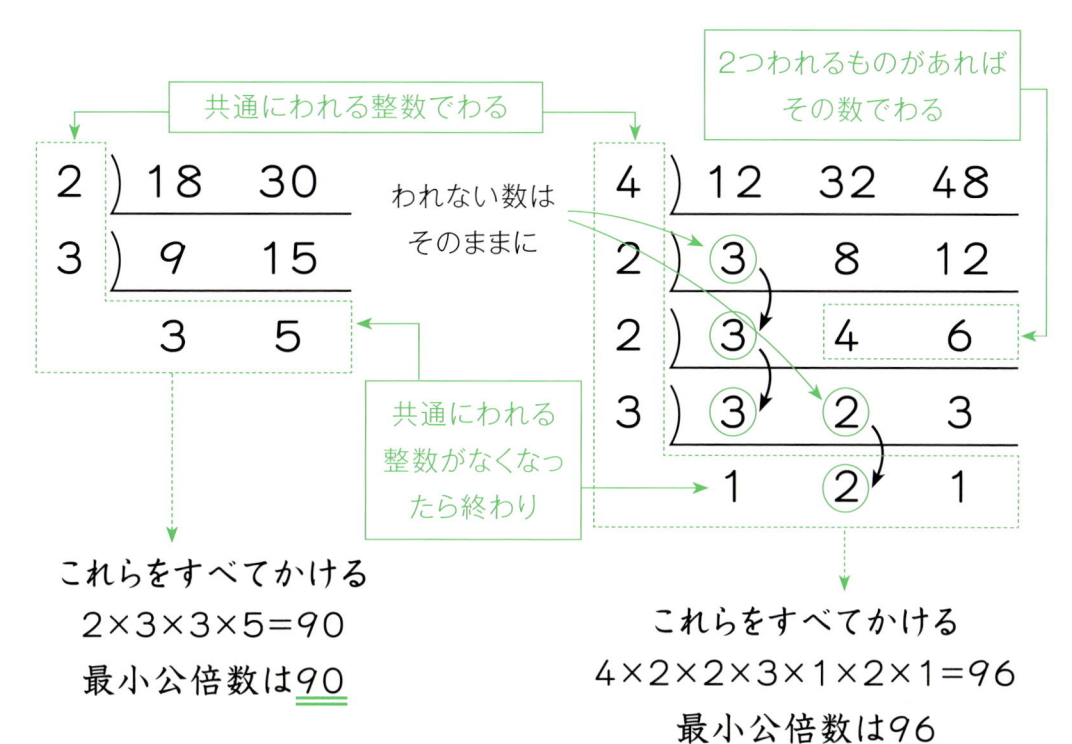

```
4 ) 12  32  48
2 )  ③   8  12
2 )  ③       4   6
3 )  ③   ②   3
     1   ②   1
```
2つわれるものがあればその数でわる

これらをすべてかける
$4 \times 2 \times 2 \times 3 \times 1 \times 2 \times 1 = 96$
最小公倍数は96

例 4と15の公倍数を小さいほうから3つあげてください。

答え 最小公倍数は大きい数のほうからチェックします。15は4でわり切れないので違います。30、45も違います。60は4の倍数ですから、4と15の最小公倍数となります。15の倍数を小さいほうからなので、答えは60×1、60×2、60×3で求めます。

$60 \times 1 = \underline{60}$ $60 \times 2 = \underline{120}$ $60 \times 3 = \underline{180}$

演習 6と14と18の最小公倍数を求めてください。

答え
```
2 ) 6  14  18
3 ) 3   7   9
    1   7   3
```

$2 \times 3 \times 1 \times 7 \times 3 = \underline{126}$

倍数の個数を求める

たとえば、1〜18までの間に5の倍数は、5、10、15と3つあります。これを線分図で表すと次のようになります。

> 1〜18までで
> 5の倍数は3つ

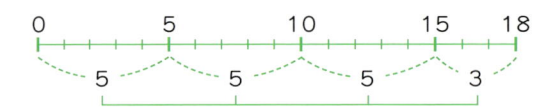

$18 ÷ 5 = 3 \cdots 3$

つまり、1〜ある数〇までの整数の中に□の倍数がいくつあるかを求めるには、次のような式になります。

「〇÷□＝商…あまり」の商と等しい数

例 1〜100までの整数の中に、3の倍数はいくつありますか。

答え 「〇÷□＝商…あまり」の商なので、100÷3＝<u>33個</u>（あまり1）

演習 たて12cm、横20cmの長方形のタイルを同じ向きに並べて正方形をつくります。これについて次の問に答えてください。

① 最も小さい正方形の一辺の長さは何cmですか。
② タイルは何枚必要ですか。

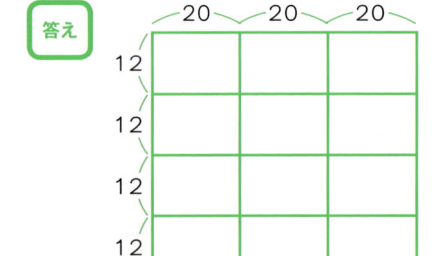

答え

① 正方形をつくるので、たて方向・横方向ともに同じ長さにします。つまり、正方形の一辺は、12と20の公倍数で、かつ最も小さいものなので、最小公倍数で求められます。

```
4 ) 12  20
     3   5
```

$4 × 3 × 5 = \underline{60}$

② 正方形の一辺は60cmです。タイルの枚数は、
たて方向に60÷12＝5（枚）
横方向に60÷20＝3（枚）なので、5×3＝<u>15枚</u>

こんな間違いに注意！ 最小公倍数を見つけるとき、小さいほうの数から探すのは時間のムダです。大きいほうの数から探していきましょう。

PART 6 倍数と公倍数／約数と公約数

所要時間：15分

約数と公約数

算数力ポイント　約数は両側から書き出して求める

約数とは
たとえば18は、1、2、3、6、9、18で割り切れます。
このような整数を「約数」といいます。

約数の求め方
約数は両側から書いていくと早く簡単に求められます。
18の約数は18÷1なので1と18です。

そこで　（1　　　　　　18）と書きます。次は18÷2＝9ですから、
　　　　（1、2、　　9、18）さらに、18÷3＝6ですから、
　　　　（1、2、3、6、9、18）と書きます。

このように、約数を求めるときは、1、2……と小さい数からではなく、両側から書いていきます。

演習　次の数の約数を求めてください。

①14　（　　　　　　　　）　②26（　　　　　　　　　　）
③32　（　　　　　　　　）　④54（　　　　　　　　　　）

答え
①1、2、7、14　　　　　②1、2、13、26
③1、2、4、8、16、32　　④1、2、3、6、9、18、27、54

公約数とは 　いくつかの整数に共通の約数を「公約数」といいます。

例　[12の約数] ①、②、③、4、⑥、12　 ｝ ○をつけた4つが
　　　[30の約数] ①、②、③、5、⑥、10、15、30　　12と30の公約数

最大公約数と公約数の見つけ方

たとえば12と30の公約数を考えた場合、一番大きい数となる6を「最大公約数」といいます。なお、公約数を見つけるときは、小さい数の約数で確認します。たとえば、16と48の公約数を見つけるときは16の約数でチェックしましょう。

例　18と63の公約数をすべて求めてください。

答え　小さいほうの数18の約数から求めます。
18の約数は、1、2、3、6、9、18
1は当然OK。2、6は偶数なのでダメ。3、9はOK。18はダメ

答え　1、3、9

最大公約数と公約数の見つけ方　最大公約数は筆算で求めることもできます。

例　18と24と72の最大公約数を求めてください。

答え

共通にわれる整数でわる

```
2 ) 18   24   72
3 )  9   12   36
     3    4   12
```

共通にわれる整数がなくなったら終わり

ここの数だけをかける → 2×3=<u>6</u> → これが最大公約数

演習 36と54と90の最大公約数を求めてください。

答え 筆算で求めます。

```
 2 ) 36   54   90
 3 ) 18   27   45
 3 )  6    9   15
      2    3    5
```

ここの数だけをかける ⟶ 2×3×3=<u>18</u>

こんな間違いに注意！ 最小公倍数と最大公約数を筆算で求めるとき、双方のやり方をとり違えやすいもの。2つのやり方の違いをしっかり理解させましょう。

| 演習 | たて27cm、横72cmの長方形の紙があります。
この紙をたて、横ともにあまりが出ないように正方形に切り分けます。
できるだけ大きな正方形を作るとき、正方形の一辺は何cmになりますか。

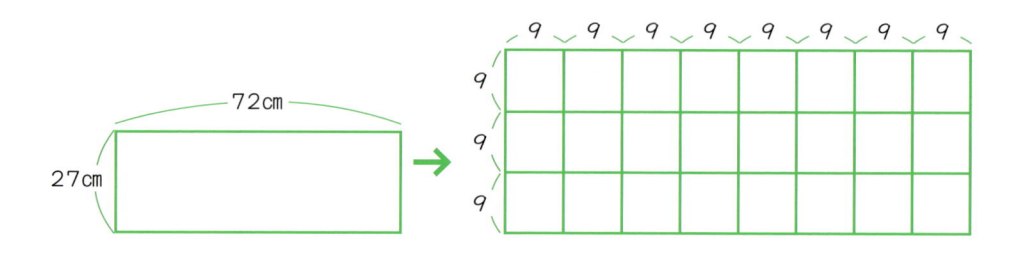

| 答え | 正方形なので、たて方向、横方向ともに同じ大きさで切っていきます。
つまり、27と72の公約数から求めます。
小さい数27の約数は（1、3、9、27）
このうち、72との公約数は（1、3、9）
⇒できるだけ大きな正方形だから、答えは　9cm

| 演習 | まんじゅうが32個とせんべいが48枚あります。
最も多くの人数で分けるとき、何人に分けることができますか。

| 答え | まんじゅうとせんべいをあまりなく分けるには、
32と48の公約数を使えば求められます。
小さい数32の約数は（1、2、4、8、16、32）
このうち、48との公約数は（1、2、4、8、16）
できるだけ多くの人数なので、答えは　16人

こんな間違いに注意！　倍数と約数の文章題は、もとの数や図形がふえていく場合は倍数、もとの数や図形を分けていく場合は約数を使いましょう。

PART 7
単位量あたりの大きさと平均

お父様、お母様へ

「単位量あたりの大きさ」とは、たとえば1本あたりの値段や1リットルあたりで走る距離などのことをいいます。「AあたりB」のとき、Aの単位量あたりの大きさは、「B÷A」で求められます。これが基本となり、人口÷面積＝人口密度、重さ÷体積＝密度という計算式を用いて、人口密度と密度を求めます。

「平均」とは、いくつかの量や大きさをならして、同じ大きさにしたもの。「合計÷個数＝平均」の計算式で求めることができます。文章題では、合計になる数、個数、平均の条件を正しく整理して教え、公式にうまくあてはめられるように学ばせましょう。単位量あたりの大きさや平均は日常生活でも使うシーンが多く、数学の基礎になります。

「速さ」とは、単位時間あたりに進む道のりのことを指します。これは「単位量あたりの大きさ」のひとつの分野です。車に乗って出かけるとき目的地まで何分で着くか、離れた友達との待ち合わせ時間は何時何分にしたらよいかなど、将来にわたって日常的に使う計算といえるでしょう。

発展問題である旅人算は、入試でも最頻出の内容です。答えを求めるには、道のり・速さ・時間の関係図を頭に入れておいて利用することが重要です。一気に問題を解くのではなく、ステップを積み重ねることで答えにたどりつけることを教えましょう。こうした問題にしっかりと向きあうことで、お子様の論理的思考力が養われます。

PART 7 単位量あたりの大きさと平均

所要時間：13分

単位量あたりの大きさ

算数力ポイント

「AあたりB」の単位量あたりの大きさはB÷A

単位量あたりの大きさ

たとえば、6本で1200円の色鉛筆の1本あたりの値段は200円です。このように、1本あたりの値段、ガソリン1ℓあたりで走る距離のことを「単位量あたりの大きさ」といい、AあたりBの単位量あたりの大きさは「B÷A」で求められます。
単位量あたりの大きさは、個数や人数、広さなどいろいろな大きさを考えることができます。

例 320㎡の畑で240kgのリンゴが収穫できたときの1㎡の収穫量はいくらですか。

答え 320㎡あたりで240kgなので、240÷320＝<u>0.75kg</u>

演習 32mで2560円のはり金の重さが640gのとき、次の問いに答えてください。
①1円あたりのはり金の長さは何cmですか。
②1mあたりのはり金の重さは何gですか。
③1gあたりのはり金の値段は何円ですか。

答え ①何cmかを求めるので、32mは3200cmに直します。
3200÷2560＝<u>1.25cm</u>
②640÷32＝<u>20g</u>
③2560÷640＝<u>4円</u>

人口密度

1（㎢）あたりの人口のことを「人口密度」といいます。たとえば、10㎢に3000人がいる場合の人口密度は3000÷10＝300（人）です。このように、人口密度の計算式は、「人口÷面積」で求めることができます。

	3000人								
				10㎢					

↓

300人	300人	300人	300人	300人	300人	300人	300人	300人	300人
1㎢	1㎢	1㎢	1㎢	1㎢	1㎢	1㎢	1㎢	1㎢	1㎢

例 みどり町の人口は52440人で面積は120㎢です。人口密度は何人ですか。

答え 52440÷120＝<u>437人</u>

演習 山川市の人口密度は780人で、人口が67080人です。
山川市の面積は何㎢ですか。

答え 人口密度＝人口÷面積なので、山川市の面積をx㎢とすると、
780＝67080÷x
x＝67080÷780
x＝<u>86㎢</u>

密度

物体の1(c㎥)あたりの重さを「密度」といいます。たとえばある金属の重さが15gで体積が5c㎥のときの密度は15÷5＝3gです。このように、密度の計算式は、「密度＝重さ÷体積」で求めることができます。

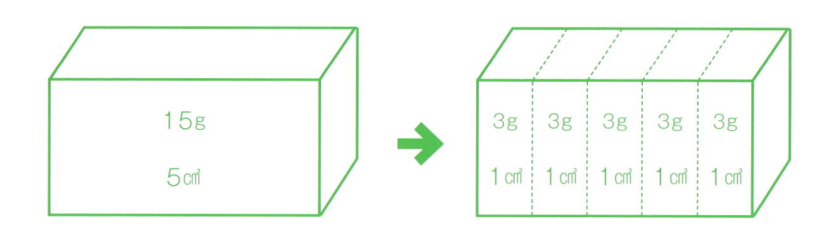

例 体積が30c㎥の鉄の重さは237gです。鉄の密度は何gですか。

答え 密度＝重さ÷体積なので、
237÷30＝<u>7.9g</u>

例 銀の密度は10.5gです。315gの銀の体積は何c㎥ですか。

答え 体積をxc㎥にすると、密度＝重さ÷体積なので
$10.5 = 315 ÷ x$
$x = 315 ÷ 10.5$
$x = $ <u>30c㎥</u>

こんな間違いに注意！ 単位量あたりの計算はわり算を使った問題です。人口密度や密度を出す場合も、わり算がすぐに頭に浮かぶようにすることが大切です。

PART 7 単位量あたりの大きさと平均

所要時間：08分

平均

> **算数力ポイント**
>
> 平均＝合計÷個数で求める

平均と合計

いくつかの量や大きさをならして、同じ大きさにしたものを「平均」といいます。たとえば、あるグループのテストの点数が75点、80点、65点、95点、70点だったときの合計点は、75＋80＋65＋95＋70＝385（点）で、その平均点は385÷5＝77点になります。

このように、「平均＝合計÷個数」で求められます。逆に合計に注目すると、「合計＝平均×個数」で求めることができます。平均と個数が与えられたとき、すぐに合計を求める習慣をつけることが、平均の問題に強くなるポイントです。

例 Aさん、Bさん、Cさん3人のテストの平均点は76点でした。これに84点のDさんが加わったときの平均は何点ですか。

答え Aさん、Bさん、Cさんのテストの平均点76点と個数3から、まず合計点を出します。
3人の合計は、平均×個数＝76×3＝228（点）です。
これにDさんが加わったときの平均＝4人の合計÷4
　　　　　　　　　　　　　　　　＝（3人の合計＋D）÷4
　　　　　　　　　　　　　　　　＝（228＋84）÷4
　　　　　　　　　　　　　　　　＝78点

演習 表は、はるかさんの4教科の成績です。
平均点が80点のとき、算数の点数を求めてください。

教科	国語	算数	理科	社会
教科	73	?	82	65

答え 平均点80点と個数4から、まず合計点を出します。
　　　合計＝平均×個数＝80×4＝320
　　　算数をx点とすると、
　　　73+x+82+65=320
　　　　　220+x=320
　　　　　　　x=320−220=<u>100点</u>

演習 A君、B君、C君の平均身長は140.3cmです。これにD君が加わったときの平均は、139.4cmです。このとき、D君の身長は何cmですか。

答え 身長の平均140.3cmと個数3より、
合計＝平均×個数＝140.3×3＝420.9
4人の身長の平均が139.4なので、4人の身長の合計は、
平均×個数＝139.4×4＝557.6

D君の身長を$x$cmとすると、
420.9+x=557.6
　　　x=557.6−420.9=<u>136.7cm</u>

こんな間違いに注意！ 平均は全体の合計とセットになってこそ求められるものです。
平均を出すときは、すぐに合計を出せるようしておきましょう。

PART 7
単位量あたりの大きさと平均

所要時間：13分

道のり・速さ・時間の計算

算数力ポイント

関係図を頭に入れておいて利用する
速さの単位は[道のり→時間]の2段階で変換する

道のり・速さ・時間を求めるための3つの公式があります。下の関係図を頭に入れておけば、この3つの公式を簡単に利用することができます。最初のうちは、問題に出てくる数字を図に書き込んで解いてみましょう。

・道のり＝速さ×時間
・速さ＝道のり÷時間
・時間＝道のり÷速さ

速さを求める

例 936mを13分で歩いたときの分速は何mですか。

答え 分速を求めたいので、「速さ＝道のり÷時間」の公式にあてはめて、936÷13＝<u>72m</u>

時間を求める

例 分速52mのとき、780m進むのに何分かかりますか。

答え 時間を求めたいので、「時間＝道のり÷速さ」の公式にあてはめて、780÷52＝<u>15分</u>

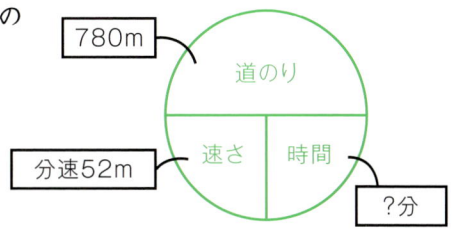

速さの単位のそろえ方

道のり・速さ・時間の問題を解くときは、単位をそろえてから計算しなければなりません。速さは、単位時間あたりに進む道のりのことを指します。道のりと時間の両方の単位を変えなければなりません。一度にやろうとすると間違えやすいので、[道のり→時間]の2段階に分けて計算します。

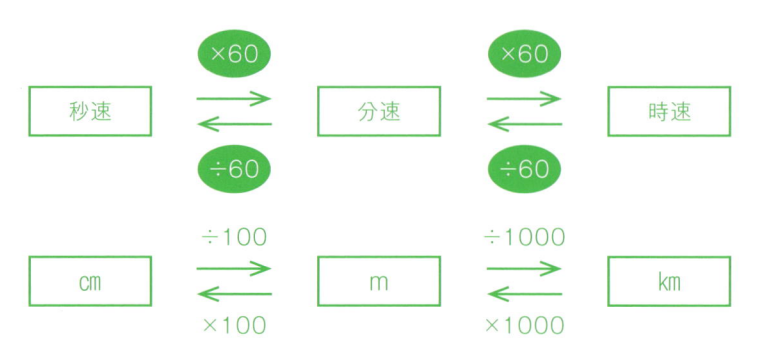

```
           ×60              ×60
    秒速  ────→  分速  ────→  時速
          ←────            ←────
           ÷60              ÷60

          ÷100             ÷1000
    cm   ────→   m    ────→  km
          ←────            ←────
          ×100             ×1000
```

例 時速45kmは分速何mですか。

答え 1kmは1000mなので、時速45kmは時速45000mです。
1時間は60分なので、時速÷60で分速が求められます。
45000÷60=<u>750m</u>

例 3120mの道のりを時速1.2kmで進んだとき、かかる時間は何時間何分ですか。

答え 1km=1000mなので、時速1.2kmは時速1200mです。かかる時間を求める公式は、「時間=道のり÷速さ」なので、

$$\frac{3120}{1200} = \frac{13}{5} = 2\frac{3}{5}$$

$\frac{3}{5}$時間は$60 \times \frac{3}{5} = 36$分

<u>2時間36分</u>

> 3120÷1200=2.6
> 0.6時間は60×0.6=36(分)
> でも求められますが、小数だと割り切れない場合もあるので分数で解くクセをつけるのも一つのやり方です。

こんな間違いに注意！ 問題文の単位がそろっているとは限りません。
計算する前にそれを確認して、単位をそろえてから計算しましょう。

PART 7
単位量あたりの大きさと平均

所要時間：15分

旅人算その①
追いかける問題

算数力ポイント

速さの差に着目する

追いかけたり、出会ったりする問題を「旅人算」といいます。そのうちの同じ方向に進んで追いつく問題を考えます。ここでは、速さの差に着目することが重要です。

追いつく時間を求める

例 150m先にいるAさん（分速70m）にB君（分速80m）が追いつくのは何分後ですか。

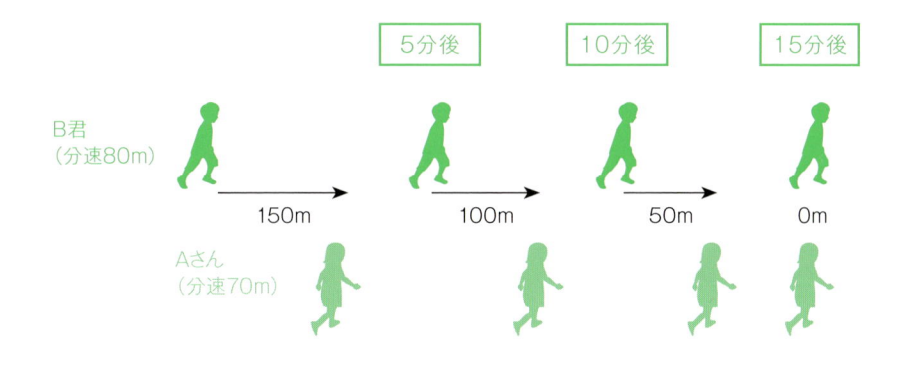

5分後　　10分後　　15分後

B君（分速80m）

150m　100m　50m　0m

Aさん（分速70m）

答え 1分間にAさんは70m、B君は80m進むので、1分あたり2人の速さの差80−70＝10mずつ近づきます。150mある2人の間隔が0mになったときに追いつくので、「追いつくまでの時間＝離れている道のり÷2人の速さの差」で求められます。つまり、「速さの差」を関係図のうちの「速さ」にして求めるのです。これを公式にあてはめると15分後に追いつくことがわかります。
150÷(80−70)＝<u>15分</u>

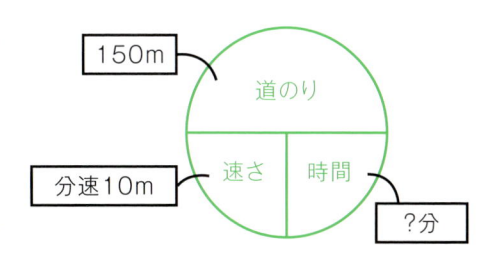

道のり：150m
速さ：分速10m
時間：?分

演習 たかし君の家から学校まで1400mあります。たかし君は分速70mで家から学校に向かっています。ある日、妹が分速50mでたかし君より6分前に家を出ました。これについて次の問いに答えてください。

①たかし君が家を出たとき、妹は何m先を歩いていますか。
②たかし君は家を出てから何分で妹に追いつきましたか。
③たかし君が妹に追いついたのは、家から何mのところですか。
④たかし君が学校に着いたとき、妹は学校まであと何mのところにいますか。

答え ①たかし君が遅れて家を出た6分の間に妹が進んだ道のりを求めたいので、
50×6=<u>300m</u>

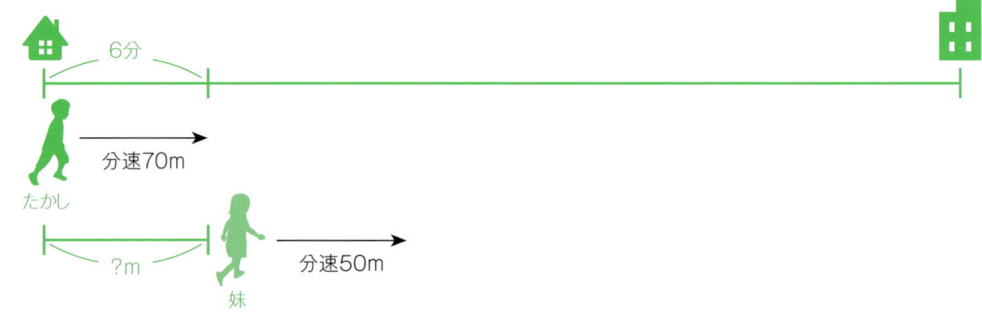

②追いつくまでの時間は　300÷(70-50)=<u>15分</u>

③妹に追いついたのは15分後なので、
追いついた道のりは　70×15=<u>1050m</u>

④追いついた地点から学校までの道のりは　1400-1050=350(m)
追いついた地点からたかし君が学校に着くまでの時間は350÷70=5(分)
問いを解くには、たかし君が追いついた地点から学校まで進む5分間で、
妹が進む距離を求めればよいわけです。
分速50mの妹が5分で進む距離は　50×5=250(m)
問いは「学校まであと何mか」なので　350-250=<u>100m</u>

こんな間違いに注意！ 追いつく時間を求めるには、双方の離れている間隔がわからないと答えは導けません。問題文にないときは、その間隔をまず求めましょう。

PART 7
単位量あたりの大きさと平均

所要時間：15分

旅人算その②　出会いの問題

> **算数力ポイント**
>
> ## 速さの和に着目する

旅人算のうち、出会いの問題です。ここでは、速さの和に着目することが重要です。

出会う時間を求める

例　600m離れているAさん（分速70m）とB君（分速80m）が双方から矢印の方向にスタートするとします。

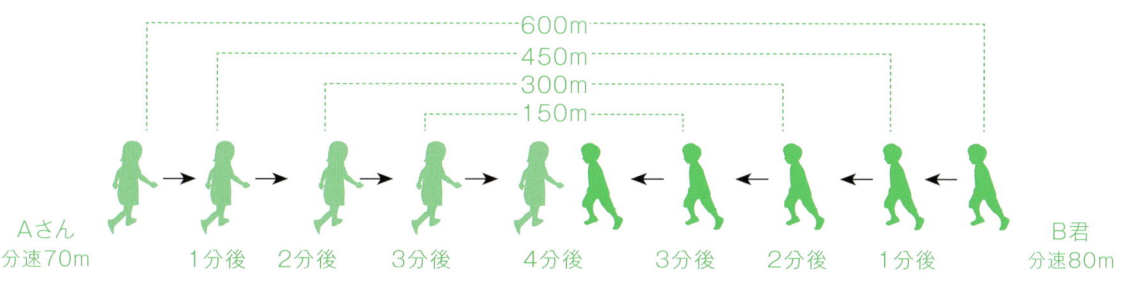

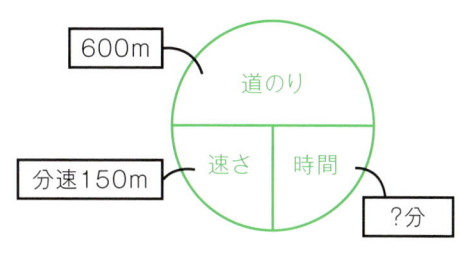

```
            600m
          450m
        300m
      150m
Aさん  1分後  2分後  3分後  4分後  3分後  2分後  1分後  B君
分速70m                                              分速80m
```

AさんとB君は1分あたりの2人の速さの和70+80=150mずつ近づきます。600mある2人の間隔が0mになったときに出会うので、出会うまでの時間＝離れている道のり÷2人の速さの和で求められます。つまり、「速さの和」を関係図のうちの「速さ」にして求めるのです。これを公式に当てはめると600÷150=4（分）となり、4分後に出会うことがわかります。

関係図：道のり600m／分速150m／時間?分

演習　山本さんと中村さんが周囲1350mの池の同じ地点から、池の周りにそって反対方向に走ります。山本さんは分速150m、中村さんは分速120mです。出会うのに何分かかりますか。

答え　山本さんと中村さんの速さの和は150+120=270(m)です。
関係図を公式にあてはめると出会うまでの時間は　1350÷270=<u>5分</u>

演習 ももこさんは1500mはなれた学校へ、7時55分に出発して8時15分に着くように通っています。ある日、ももこさんがいつものように家を出たのですが、6分後にお母さんが忘れ物に気づいて、自転車でももこさんを追いかけました。自転車の分速を150mとするとき、次の問いに答えてください。

①お母さんがももこさんに追いつくのは何時何分ですか。

②実際には、ももこさんは出発してから8分後に忘れ物に気づき、同じ速さで家に引き返しました。お母さんと何時何分何秒に出会いますか。

答え ①ももこさんは20分かけて1500m進んでいるので、1500÷20=75(m) つまり、分速75mで歩いています。ももこさんは、家を出てから6分後には家から75×6=450(m)進んでいます。
それなので、450÷(150−75)=6となり
お母さんが家から出て6分後に追いつくことになります。
7時55分+6分+6分=__8時7分__

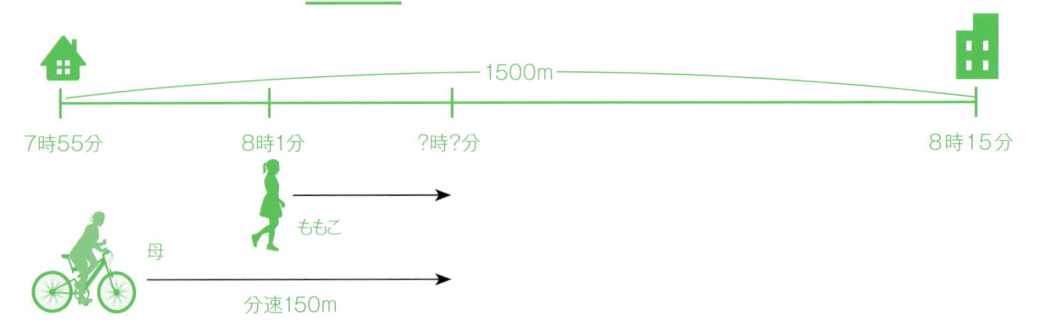

②ももこさんは家を出てから8分後には、75×8=600m進んでいます。
その間にお母さんは8−6分進んでいますから、150×2=300m進んでいます。
2人が離れた間隔は、600−300=300m
出会うまでの時間は　300÷(150+75)=$1\frac{1}{3}$ 分
$\frac{1}{3}$ 分は60×$\frac{1}{3}$=20(秒)。よって、ももこさんがお母さんと出会うのは
7時55分の8分後である8時3分の1分20秒後=__8時4分20秒__

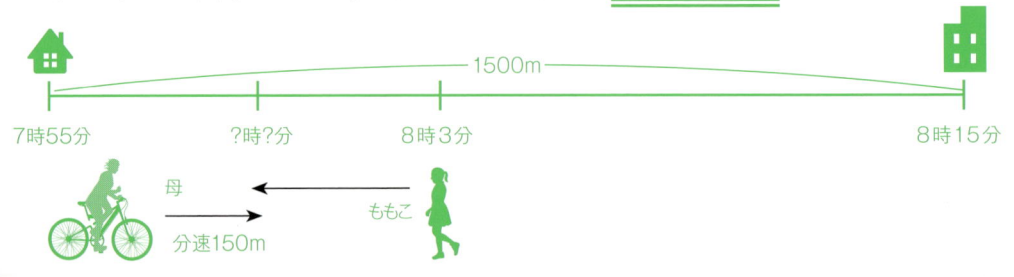

こんな間違いに注意！ 動く方向を理解していないと速さの和と差のどちらを使えばいいかわかりません。問題文を読んだら、動く方向を矢印で書いてみましょう。

PART 8

大きな数とがい数

お父様、お母様へ

野球場の入場者数や国の予算など、大きな数を表すときはおおまかな数で把握することがあります。このような数を「がい数」といいます。大きな数は、千、百、十、一の4つで区切って、1つ目を万、2つ目を億、3つ目を兆として数えていくとわかりやすくなります。

大きな数では「何の位で」「何の位まで」四捨五入しなさいという問題が出されます。2つの意味の違いを理解して四捨五入すると、おおまかな数がわかりやすくなります。

がい数は、算数だけでなく、理科や社会の分野にもにも及びます。数の大小関係、グラフや表の表し方や読み取りといった問題で出てきます。お子様にたくさん問題を解かせて、慣れさせることが大切です。

PART 8 大きな数とがい数

所要時間：15分

大きな数とがい数

算数力ポイント：4つで区切って、千、百、十、一とつける

がい数とは

野球場の入場者数や国の予算などは「およそ5万人」「約100兆円」などと表すことがあります。このようなおよその数を「がい数」といいます。
細かい数値が必要でなく、大まかな数がわかればいいときに使います。

大きな数の単位

大きな数は4つずつで区切るとわかりやすくなります。
1つの区切りは〇千〇百〇十〇と読み、区切りの1つ目が万、2つ目が億、3つ目が兆となります。例えば、4516971369542354は次のように区切ることができます。

				兆				億				万			
千	百	十	一	千	百	十	一	千	百	十	一	千	百	十	一
4	5	1	6	9	7	1	3	6	9	5	4	2	3	5	4

大きな数を四捨五入する

四捨五入するとき、「何の位で」というときはそのケタの数、
「何の位まで」というときはその1つ下のケタの数を四捨五入します。

例 4738621を千の位で四捨五入してください。

答え 下のケタから4つずつ区切っていくと　473｜8621となります
区切りの1つ目は万なので、473万8621です。
千の位で四捨五入する問題なので、四捨五入するのは千の位。
8を四捨五入すると、切り上げなので次の万の位の3に1をたして、
四捨五入した千の位から下のケタを0にします。　<u>4740000</u>

演習 次の数をカッコ内に示した位まで四捨五入してください。
①353547961（1億の位）　②31697567（十万の位）

答え ①400000000　②31700000

例 ②263478921を上から2ケタで四捨五入してください。

答え 「上（から）何ケタで」とあるときは、そのケタの数で四捨五入します。ここでは上から2ケタのがい数にするので、3ケタ目の数字3を四捨五入します。切り捨てなので四捨五入した数から下のケタを0にします。
<u>260000000</u>

演習 次の数をカッコ内に示したケタで四捨五入してください。
①236578921（上から2ケタ）　②36871582（上から3ケタ）

答え ①240000000　②36900000

大きな数を数字で表す

例 二十八兆六百一億三千四百七万九百二十一を数字で表してください。

答え 区切りが1つで万、2つで億、3つで兆なので、次のとおりになります。

　　　　　　　㊋　　　　㊇　　　　㊛
　　　　2 8 ｜0 6 0 1｜3 4 0 7｜0 9 2 1

このように兆・億・万に○を付けてその下を｜（縦線）で区切ってから、数字を入れます。　　　<u>28060134070921</u>

大きな数とがい数の問題

例 四捨五入して千の位までがい数にしたとき、7000になる整数の範囲を答えてください。

答え 四捨五入して千の位までのがい数にする場合、その下のケタ、百の位に○をつけます。

7 ⓪ 0 0

まずはじめに最も大きい数を探します。百の位に数字を0から9まで入れたとき、四捨五入して7000になるのは、0、1、2、3、4です。それ以下の位は何を入れても関係ないので、0から9まで入ります。0〜499までで最も大きいのは499。よって最も大きい数は7499です。
次に最も小さい数を探します。「千の位までがい数で」とあるので四捨五入するのは百の位。500から999までで最も小さい数は500。よって最も小さい数は6500。
<u>6500から7499</u>

演習 四捨五入して万の位までのがい数にしたとき、780000になる整数の範囲は
① _____ 以上、② _____ です。

答え ①最も小さい数は、「万の位まで」とあるので四捨五入するのは千の位。
5000から9999までで一番小さい数は5000。
<u>775000</u>
②5000から9999までで一番大きい数は9999。
<u>784999</u>

こんな間違いに注意！ 四捨五入するときは日本語の意味を理解させることが重要です。「〜まで」と「〜で」と「上〜ケタで」の区別がつくように覚えさせましょう。

PART 9

割合

お父様、お母様へ

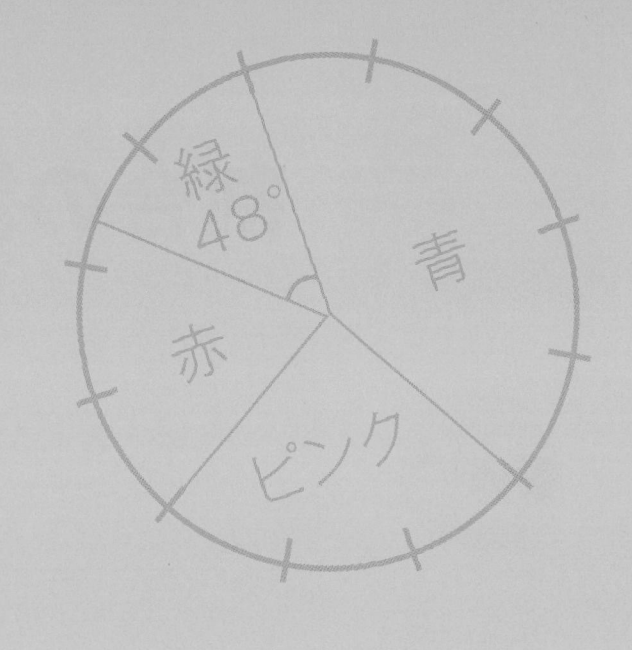

「割合」とは、「比べる量」が「もとにする量」の何倍にあたるかを表した数です。計算式は、比べる量÷もとにする量で求められます。

文章題では、比べる量がどれにあたるのかを見つけることが答えを導くポイントになります。それがわかったら、PART3（p33〜）で学んだ面積図に当てはめて答えを求めます。大切なのは、計算式に当てはめることではなく、「もとにする量の何倍にあたるか」という割合の考え方の基本をきちんと理解しながら解くことです。

「百分率」とは単位に％（パーセント）を使った割合の表し方です。割合と百分率は、降水確率や野球の打率のようにテレビを観ていても出てくるような身近な概念。円グラフや帯グラフといったグラフともかかわりがありますので、しっかりと理解しましょう。

割合の計算

PART 9 割合

所要時間：12分

算数力ポイント
「比べる量」を見分け、割合の公式に正しく入れる

割合とは

割合とは、「比べる量」が「もとにする量」の何倍にあたるかを表した数です。Aさんが50円、B君が100円のお金を持っていたとします。

Aさん　2倍 ⇄ $\frac{1}{2}$倍　B君

Aさんからみると、B君は2倍のお金を持っています。計算式で表すと、100÷50＝2（倍）となり、この2倍が割合です。このときの100を「比べる量」、50を「もとにする量」といいます。
今度は逆にBさんからみると、Aさんは半分（$\frac{1}{2}$）のお金を持っています。
計算式で表すと50÷100＝$\frac{1}{2}$（倍）です。この$\frac{1}{2}$倍が割合で、このときは50が「比べる量」、100が「もとにする量」となります。

つまり割合は、**比べる量÷もとにする量＝割合**で計算できることがわかります。

比べる量の見分け方

上の例から、割合の計算をするときには、「比べる量」を見分けることが重要だとわかります。さまざまな問題文がありますが、基本となるのは、「○○○は□□□の何倍になるか」ということ。このなかの「○○○は」に当たる部分が比べる量となります。複雑な言い回しの問題文も基本の文章に直して、比べる量がどれかを見分けましょう。

$$\underline{○○○}は\underline{□□□}の何倍になるか$$
　　↓　　　↓
比べる量　もとにする量

割合を求める

例 Aさんはキャンディー2個、B君はキャンディを4個もっています。
Aさんは Bくんの何倍キャンディをもっていますか

Aさん　　　　　　　　　　　　　　　　　B君

答え 問題文のうち、「比べる量」はどれかを見つけます。この問題は、「2個は4個の何倍になるか」なので、2個が比べる量です。すると、4個がもとにする量だとわかります。これを割合の計算式に代入します。

$$\underset{比べる量}{2} \div \underset{もとにする量}{4} = \underset{割合}{0.5\left(\frac{1}{2}\right)}$$

よって $\underline{0.5\left(\frac{1}{2}\right)倍}$

例 あいさんはカードを8枚、かずや君は48枚持っています。
あいさんのカードをもとにすると、かずやくんのカードは何倍になりますか。

答え 「かずやくんの48枚はあいさんの8枚の何倍になるか」なので、
48枚が比べる量で、8枚がもとにする量です。
　　　　　48÷8=<u>6倍</u>

例 さとし君の体重は30.4kg、お父さんの体重は76.0kgです。
さとし君の体重はお父さんの何倍でしょうか。

答え 「さとし君の体重はお父さんの体重の何倍になるか」
なので、30.4kgが比べる量、
76.0kgがもとにする量です。
30.4÷76.0=<u>0.4倍</u>

比べる量　?倍→　もとにする量

所要時間：10分

面積図を利用して求める

「比べる量÷もとにする量＝割合」は、PART3で学んだ面積図で表せます。

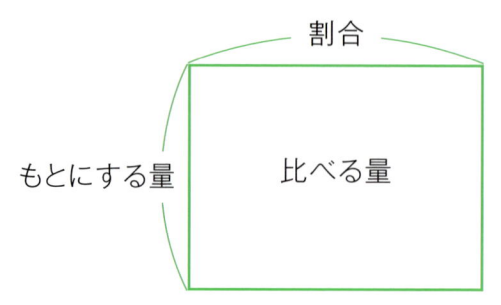

```
        割合
   ┌─────────┐
もとにする量│ 比べる量 │
   └─────────┘
```

面積図を見てわかるように

　　　　もとにする量×割合＝比べる量
　　　　比べる量÷割合＝もとにする量

となることがわかります。
公式を覚えなくても面積図に必要なことを書き込めば、計算式が理解できます。

例 40個の1.5倍は何個になりますか。

答え 求める数をxとして問題文を基本の文章に直すと「x個は40個の1.5倍になる」なので、x個が比べる量、40個がもとにする量、割合が1.5倍です。面積図にこれらを書き込みます。

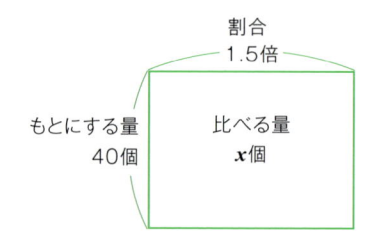

```
         割合
         1.5倍
   ┌─────────┐
もとにする量│ 比べる量 │
  40個    │  x個    │
   └─────────┘
```

面積図より　$x=40×1.5=60$　の
計算式になることがわかり、40個の1.5倍は<u>60個</u>になることが求められます。

> **こんな間違いに注意！**
> 問題文を、基本の文に直さないで計算してしまうと、「比べる量」を間違えることがあります。必ず、基本の文に直して計算しましょう。

PART 9 割合

所要時間：10分

百分率と歩合・グラフ

> **算数力ポイント**
> 求めた割合に100をかけたのが％
> 百分率10％＝歩合1割
> 百分率1％＝歩合1分　百分率0.1％＝歩合1厘

百分率とは

単位に％（パーセント）を使った割合の表し方を「百分率」といいます。次の例でみていきましょう。

例 本体100円の品物に8円の消費税がつくとき、消費税8円は100円の何％ですか。

答え 8円が比べる量、100円がもとにする量なので、計算式はこちらです。
　　　　8÷100＝0.08
この場合、求められる消費税の割合は0.08ですが、1より小さい数はピンとこないので、この割合に100をかけます。すると、0.08×100＝8となり、これを「8％」とする表し方が百分率です。1％＝0.01となります。

演習 緑ヶ丘小学校の生徒数は380人です。ある日、欠席した生徒は19人でした。欠席した生徒は、生徒全体の何％でしょうか。

答え 「欠席した19人は380人の何％になるか」なので、19人が比べる量、380人がもとにする量です。19÷380＝0.05
求めた割合に100をかけて百分率にします。
0.05×100＝<u>5％</u>

例 ある花屋さんでは仕入れたチューリップ80本のうち、10本が売れ残りました。売れ残ったチューリップは仕入れたチューリップの何％になりますか。

答え 「売れ残ったチューリップ10本は仕入れたチューリップ80本の何％になるか」なので、10本が比べる量、80本がもとにする量です。
$10 \div 80 = 0.125$　求めた割合を百分率にします。
$0.125 \times 100 = \underline{12.5\%}$

割合と百分率・歩合

割合は、百分率のほか歩合でも表すことがあります。

割合	1	0.1	0.01	0.001
百分率	100%	10%	1%	0.1%
歩合	10割	1割	1分	1厘

円グラフの文章題

割合を円グラフで表した文章題を解いてみましょう。円をおうぎ形にくぎった中心角で割合が表してありますので、　　割合＝$\dfrac{\text{おうぎ形の中心角}}{360}$　　となっています。

例 5年生の生徒60人に、青・赤・緑・ピンクのうち、好きな色を選んでもらった結果を、円周を12等分した円グラフにまとめました。赤を好きな人は何人ですか。

答え 赤と緑を合わせたおうぎ形の角度は30×4＝120度。緑が48度ですから、赤は120－48＝72度となります。よって赤が好きな人の割合は $\dfrac{72}{360} = 0.2$ です。
「赤が好きな人は60人の0.2倍になる」なので面積図より、$60 \times 0.2 = \underline{12人}$

帯グラフの文章題

次に帯グラフの文章題を解いてみましょう。割合を帯グラフで表してある場合は、

$$割合 = \frac{区切りの長さ}{帯全体の長さ}$$

となっています。

例 5年生200人に青・赤・緑・ピンクのうち、好きな色を選んでもらいました。その割合を全体の長さが30cmの帯グラフにしたところ図のようになりました。ピンクが好きな生徒は何%ですか

```
0%                                                          100%
|――――――――|――――――――|――――――――|―――|
|   青   |  ピンク  |   赤   | 緑 |
0cm     12cm     21cm     27cm 30cm
```

答え ピンクが好きな生徒の帯の長さは21-12=9(cm)です。
よって、割合は $\frac{9}{30}=0.3$ となり、これを百分率にすれば <u>30%</u> となります。

%から比べる量・もとにする量を求める

「比べる量÷もとにする量=割合」で求めた割合に100をかけると百分率(%)で表せるとわかりました。逆に、%で表された割合から比べる量・もとにする量を求めることもできます。それには、百分率(%)を100で割ってから小数または整数の割合にし、面積図を使って求めます。

例 箱の中のクッキーのうち10%を50個とすると、
1箱には何個のクッキーが入っていますか。

答え まず、%を100で割って、小数か整数に直します。
　　　　10% = 10÷100 = 0.1
問題文は、「50個はx個の0.1倍になる」なので、50個が比べる量、x個がもとにする量、0.1倍が割合です。

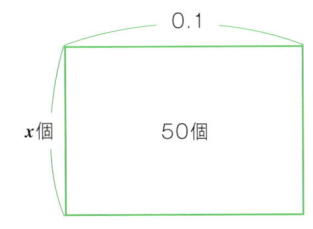

面積図より、$x = 50 ÷ 0.1 = \underline{500個}$

こんな間違いに注意！ 円グラフや帯グラフになると割合が求められなくなるお子様がいます。グラフの性質に慣れさせて、問題が解けるようにしましょう。

所要時間：15分

割合を使った文章題

割合は、3割増しとか3割引きのように、ふやしたりへらしたりして表すことがあります。面積図で考えてみましょう。

● もとにする量が500円だった場合

〈3割（30％）増し〉→割合が0.3増える

「もとにする量」が1＋0.3＝1.3倍になる

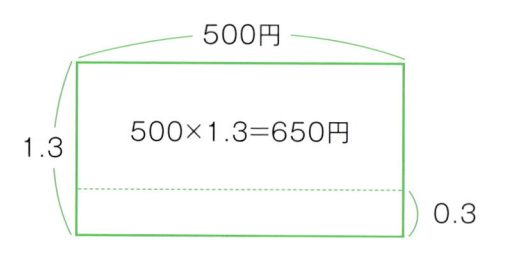

```
           500円
     ┌──────────────┐
1.3 │ 500×1.3＝650円 │
     │- - - - - - - -│ 0.3
     └──────────────┘
```

〈3割（30％）引き〉→割合が0.3へる

「もとにする量」が1－0.3＝0.7倍になる

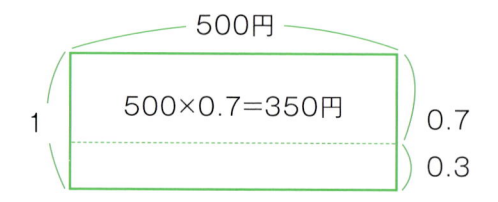

```
           500円
     ┌──────────────┐
  1 │ 500×0.7＝350円 │ 0.7
     │- - - - - - - -│ 0.3
     └──────────────┘
```

もとにする量を求める

演習 今年のマラソン大会の参加者は、昨年より15％多く、460人になりました。昨年の参加者は何人ですか。

```
         昨年の参加者
       ┌──────────┐
1.15倍│   460人    │
       │- - - - - -│ 0.15
       └──────────┘
```

答え 今年の参加者は昨年の1＋0.15＝1.15（倍）です。
「今年の参加者は昨年の1.15倍になる」ので、
460÷1.15＝**400人**

何割増し・何割引きを求める

演習 2700円は2000円の何割何分増しかを求めてください。

答え 何割何分増しを小数にすると$(1+x)$となります。
「2700円は2000円の$(1+x)$倍になる」なので、
面積図から2700÷2000＝1.35
$1+x=1.35$ですから、$x=0.35$

<u>3割5分増し</u>

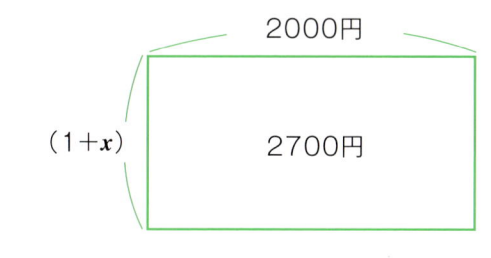

```
              2000円
         ┌──────────────┐
(1+x)    │    2700円    │
         └──────────────┘
```

演習 3000円は4000円の何割何分引きかを求めてください。

答え 何割何分引きを小数にすると$(1-x)$となります。
問題文は、「3000円は4000円の$(1-x)$倍になる」なので、
面積図から3000÷4000＝0.75
$1-x=0.75$ですから、$x=0.25$

<u>2割5分引き</u>

```
              4000円
         ┌──────────────┐
(1-x)    │    3000円    │
         └──────────────┘
```

演習 2500円の30％増しはいくらですか。

答え 30％増しとは1.3倍のことです。
2500×(1+0.3)＝<u>3250円</u>

演習 380円の4割引きはいくらですか。

答え 4割引きとは0.6倍のことです。
380×(1−0.4)＝<u>228円</u>

演習 あおいさんがお姉さんのお小遣いの15％をもらったところ、所持金の合計が2400円になりました。お姉さんが3000円持っていたとすると、あおいさんの最初の所持金はいくらですか。

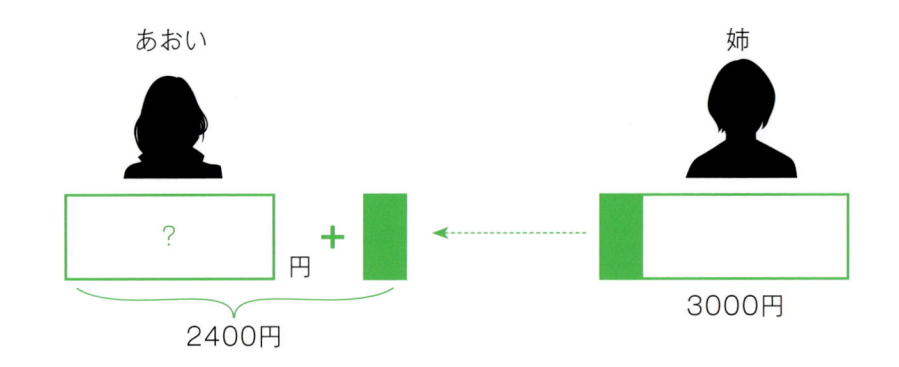

答え 3000×0.15＝450
2400−450＝<u>1950円</u>

> **こんな間違いに注意！** 割増し、割引きを求めるときも「比べる量」を間違えないように、一度問題文を基本の文に直しましょう。

PART 10

食塩水の濃度

お父様、お母様へ

食塩水の濃度は、濃度（％）＝食塩の重さ（g）÷食塩水（g）で求めることができます。この公式を基本として、速さの計算式の道のり・速さ・時間の関係と同じように食塩や食塩水の重さを求めることもできます。

応用問題では、食塩水どうしを混ぜる問題があります。これを求めるには、一度ビーカーの絵をかいて、食塩の重さ、濃度、食塩水の関係を整理してみましょう。条件を整理することで、どのように変化していくかがわかるはずです。

こうした問題は、多くの情報を整理して答えを導く能力がわかるため、入試で頻出の分野です。また、中学になると化学の分野でも使われるようになります。苦手意識を持ちやすい問題でもあるので、ていねいに教えるようにしましょう。

PART 10 食塩水の濃度

所要時間：14分

食塩水の濃度の求め方

算数力ポイント

濃度（％）＝食塩の重さ（g）÷食塩水（g）
食塩水の問題は、食塩の重さをもとに考える

食塩水の濃度とは

たとえば、水92gに8gの食塩を溶かすと食塩水の重さは100gになります。

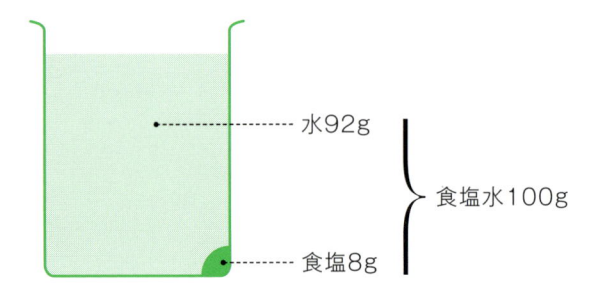

（図：ビーカー内に 水92g、食塩8g、合わせて食塩水100g）

つまり、食塩水の重さ＝（水の重さ）＋（溶けている食塩の重さ）です。
さらに、食塩の重さは食塩水の重さの何％になるかを求めるには、
　8÷100＝0.08→8％となります。これを濃度8％の食塩水といいます。

食塩水の濃度の計算式

上の例により、食塩水の濃度を求める計算式がわかります。

　　濃度（％）＝食塩の重さ（g）÷食塩水（g）

この式から

　　食塩の重さ（g）＝食塩水（g）×濃度（％）
　　食塩水（g）＝食塩の重さ（g）÷濃度（％）　　　　となります。

濃度の計算

例 5%の食塩水300gと8%の食塩水200gを混ぜると何%の食塩水になりますか。

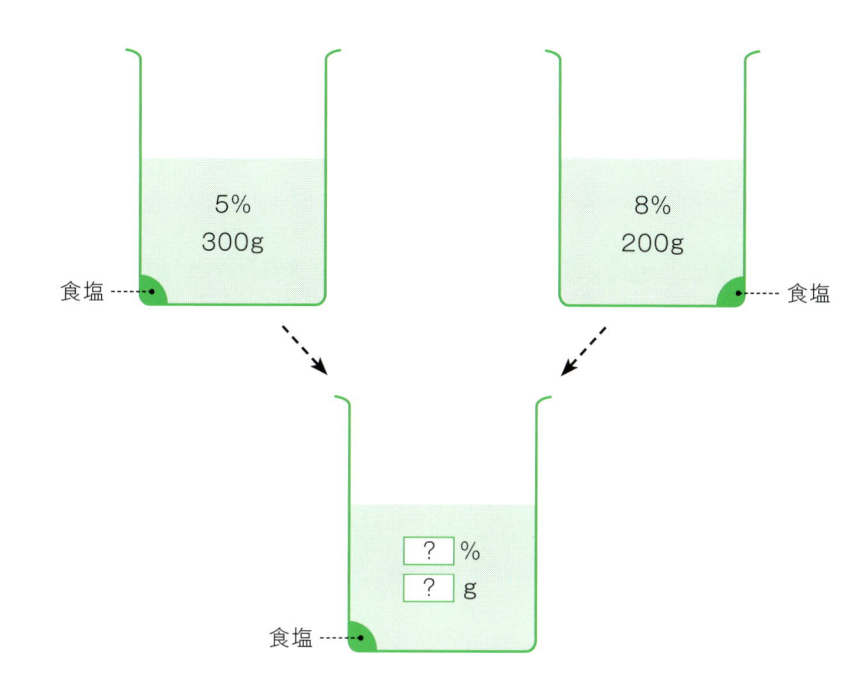

[図: 5% 300gの食塩水と8% 200gの食塩水を混ぜて、?%、?gの食塩水をつくる]

答え 食塩水の重さは、300+200=500gです。
5%の食塩水300gの中に入っている食塩は、
300×0.05=15g
8%の食塩水200gの中に入っている食塩は、
200×0.08=16g
新しくできた食塩水500gの中の食塩は、
15+16=31gなので、
濃度は31÷500=0.062
これを百分率に直して<u>6.2%</u>

こんな間違いに注意！ 食塩水と食塩・濃度の計算式の関係を理解できない場合があります。速さと道のり・時間のときと同じように円で分けて整理してみましょう。

演習 15%の食塩水150gに水を100g入れました。
これについて、次の問いに答えてください。
①15%の食塩水150gに含まれる食塩の重さは何gですか。
②新しくできた食塩水の濃度は、何%ですか。

答え ①食塩の重さ＝食塩水×濃度なので　150×0.15＝22.5（g）
②新しくできた食塩水の量は、150＋100＝250（g）
食塩の重さは水を入れても、もとからある重さと変わらないので
22.5÷250＝0.09　百分率に直して<u>9%</u>

演習 8%の食塩水300gに、濃さのわからない食塩水Aを400g混ぜたところ、濃度12%の食塩水ができました。これについて次の問いに答えてください。

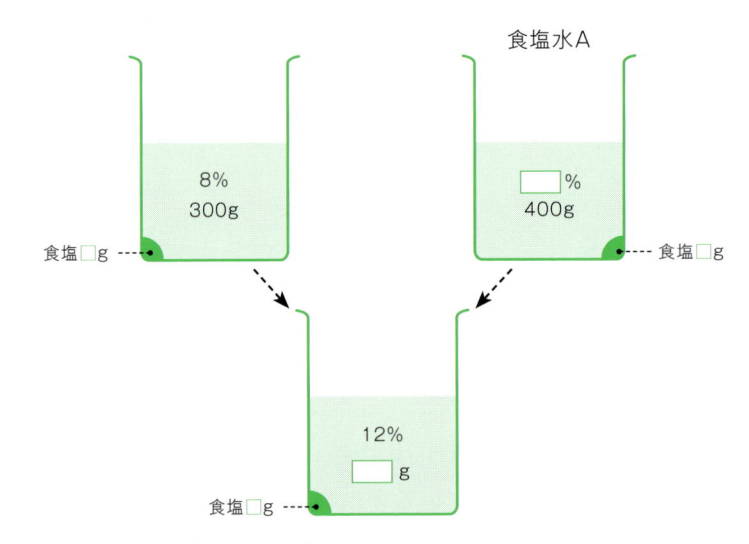

食塩水A

8%　300g　食塩□g

□%　400g　食塩□g

12%　□g　食塩□g

①新しくできた食塩水の食塩の重さは何gですか。
②8%の食塩水300gに含まれる食塩の重さは何gですか。
③食塩水Aに含まれる食塩の重さは何gですか。
④食塩水Aの濃度は何%ですか

答え ①新しくできた食塩水は、300＋400＝700（g）
　　食塩の重さは、700×0.12＝<u>84g</u>
②300×0.08＝<u>24g</u>
③84－24＝<u>60g</u>
④60÷400＝0.15　百分率にすると<u>15%</u>

こんな間違いに注意！ 食塩水Aと食塩水Bを混ぜる問題文を整理できないお子様がいます。絵をかいて問題文を整理するクセをつけさせましょう。

PART 11

比と比例・反比例

お父様、お母様へ

「比」とは、割合をかけたりわったりして簡単な数の組にしたもの。「右の数は左の数の何倍にあたるか?」に着目した関係です。単位のついた数どうしを比べるのと違って、その数本来の大きさを比べる概念になります。非常に大きな数や小数・分数も比の関係として比べられるようになりますので、関係性を把握しやすくなります。

比の値は、A:B＝A÷Bで求められます。最も簡単な比にしてから問題を解きます。A:B＝C:Dという比の方程式は、「内項の積＝外項の積」で解きます。比のどことどこが対応しているかに注意しましょう。

比例・反比例は、数がどのように増えたり減ったりしているかに注目し、数の増え方や減り方を、式とグラフで表せないかを考えます。中学で習う一次関数の基本となりますので、しっかりと身につけておきましょう。

PART 11

比と比例・反比例

所要時間：10分

比の値の求め方と線分図

> 算数力ポイント
>
> 割合を「×」「÷」で簡単な数の組にしたのが「比」
> A：Bの比の値を求めるには「A÷B」

比とは

Aさんが50円、B君が100円のお金を持っていたとします。

Aさん　2倍 / $\frac{1}{2}$倍　B君

Aさんは50円玉を1枚、B君は50円玉を2枚持っています。50円玉の枚数に着目して、A：B＝1：2と表すことを「比」といい、「：」は「たい」と読みます。

比を簡単にする

上の例で金額に着目して比で表すと、50：100となります。つまり、50：100＝1：2ということになります。このようにできるだけ小さな整数の比にすることを「比を簡単にする」と言います。比を簡単にするには、分数の約分と同じように、比に同じ数をかけたりわったりします。

例 45：81を簡単にしてください。

答え 最大公約数9でわる……（45÷9）：（81÷9）＝5：9

例 0.6：1.8を簡単にしてください。

答え 10をかけて整数の比にする……（0.6×10）：（1.8×10）＝6：18
最大公約数の6でわる…………6：18＝（6÷6）：（18÷6）＝1：3

例 $\dfrac{3}{2} : \dfrac{4}{3}$ を簡単にしてください。

答え 通分して分母を6にする……… $\left(\dfrac{3 \times 3}{2 \times 3}\right) : \left(\dfrac{4 \times 2}{3 \times 2}\right)$

$= \dfrac{9}{6} : \dfrac{8}{6} = \underline{\underline{9 : 8}}$

比の値の求め方

A：Bのとき、AのBに対する割合を、比の値といいます。
比の値を求めるときは、A÷Bで計算します。

例 4：20の比の値を求めてください。

答え A：Bの比の値はA÷B……… $4 \div 20 = \dfrac{4}{20} = \underline{\underline{\dfrac{1}{5}}}$

例 $1.8 : \dfrac{3}{5}$ の比の値を求めてください。

答え 小数と分数の場合は、分数に統一する……… $\dfrac{18}{10} : \dfrac{3}{5} = \dfrac{9}{5} \div \dfrac{3}{5}$

$= \dfrac{9}{5} \times \dfrac{5}{3} = \dfrac{45}{15} = \underline{\underline{3}}$

比を使って分ける

ある量を比を使って分けることを「比例配分」といいます。
これは線分図で考えると簡単に理解できます。

例 70個のチョコボールを5年生と4年生で4：3に分ける場合、5年生のチョコボールは何個になりますか。

答え 線分図を書くとこのようになります。

```
        ├──────── 70個 ────────┤
        ├── 5年生 ──┼── 4年生 ──┤
```

全体70個を7目盛り（4＋3）とすると、
5年生のチョコボールは4目盛りぶんなので、全体の $\dfrac{4}{7}$ です。
よって　$70 \times \dfrac{4}{7} = \underline{\underline{40個}}$

つまり、以下のような計算で求められます。
ある量をA：Bに分けるとき、A＝ある数× $\dfrac{A}{A+B}$　　B＝ある数× $\dfrac{B}{A+B}$

こんな間違いに注意！ 小数や分数の比を簡単にするときは、「まず整数に直してから」と教えましょう。

PART 11

比と比例・反比例

所要時間：12分

比を使った方程式

> 算数力ポイント
>
> **比の方程式は「内項の積＝外項の積」で解く**

内項・外項とは

A：B＝C：Dという比の方程式は「内項の積＝外項の積」で解きます。内項とは内側にくるBとC、外項とは外側にくるAとDのことを指します。

つまり、比の方程式は、B×C＝A×Dに当てはめて求めます。

実際に数字を入れてみても、等しいことがわかります。

> 1：2＝3：6では、1×6＝2×3

最初はこのように矢印を書き込んで、かける相手を覚えていきましょう。

比の方程式を解く

例 5：3＝x：6についてxを求めてください。

答え 内項の積＝外項の積ですから、5×6＝3×x
30＝3×x　　x＝30÷3　　x＝<u>10</u>

xに10を当てはめて確認してみると、5：3＝10：6。比を簡単にしてみると、10：6＝（10÷2）：（6÷2）＝5：3。確かに合っていることがわかります。

例 北山小学校では、ある日、傘を差してきた人数とカッパを着てきた人数の比が8：2で、傘を差してきたのは328人です。このときのカッパを着てきた人数を求めてください。

答え カッパを着てきた人の人数をx人とすると、8：2＝328：x
内項の積＝外項の積ですから、8×x＝2×328
8×x＝656　　x＝656÷8　　x＝<u>82人</u>

比を使って間接的に測定する

300個のキャンディーを100個ずつ3等分しなければならないとします。これを一つひとつ数えて分けるのは大変です。こうした場合、たとえば10個が30gだったら、100個では何gかを比例式で求めることができます。

100個の重さを x g とすると、比例式は、30：x＝10：100 となり、
内項の積＝外項の積で計算すると

$10x = 3000$
　$x = 300$（g）となるわけです。

比例式は、このように直接数えるのがむずかしい場合に役立ちます。
例題で慣れていきましょう。

演習 ノートを600冊用意しなければなりません。
3冊が60gのとき、何kgのノートが必要ですか。

答え 必要なノートを x g とすると、
60：x＝3：600
　$3 \times x = 60 \times 600$
　$3 \times x = 36000$
　　$x = 12000$g＝<u>12kg</u>

演習 ケース2箱に入る消しゴムの数を数えたところ、25個でした。
このとき12箱に入る消しゴムは何個ですか。

答え 12箱に入る消しゴムを x 個とすると、
2：12＝25：x
　$2 \times x = 12 \times 25$
　$2 \times x = 300$
　　$x = 300 \div 2$
　　$x = $ <u>150個</u>

こんな間違いに注意！ 比の方程式を解くとき、間違ったほうの数とかけてしまうことがあります。
最初のうちは、矢印を書いてからかけ算をさせましょう。

PART 11 比例・反比例

比例・反比例

所要時間：15分

> **算数力ポイント**
> 比例は $y=a$（決まった数）$\times x$ で表す
> 反比例は $y=a$（決まった数）$\div x$ で表す

比例とは

2つの量があるときに一方が2倍、3倍、……となるとき、もう一方の値も2倍、3倍、……となる関係を「比例」といいます。たとえば、1本100円のボールペンがあるとします。個数と値段を表にすると、比例の関係であることがわかります。

本数（x本）	1	2	3	4	5
値段（y円）	100	200	300	400	500

同じように一方が $\frac{1}{2}$ 倍、$\frac{1}{3}$ 倍、……となるにつれ、$\frac{1}{2}$ 倍、$\frac{1}{3}$ 倍、……となるような場合も比例の関係になります。

比例の式

値段＝100×本数になっていますから、値段を y、本数を x とすると
$y=100 \times x$　となります。数字の部分は問題によって変わりますので、a（決まった数）とおきます。
つまり、比例の関係は、$y=a \times x$ という式で表すことができます。
また、比例では、a（決まった数）は単位量あたりの大きさと等しくなります。

例 ガソリン5ℓで15km進む車があります。車が走った道のりとガソリンの量は比例します。このとき次の問いに答えてください。
① ガソリンの量を x、走行距離を y とするとき、x と y の関係を式に表してください。
② 75km走るのに必要なガソリンは何ℓですか。

答え ①xとyは比例するので$y=a×x$　　$x=5(ℓ)$、$y=15(km)$を代入

$15=a×5$　$a=15÷5$　$a=3$　これを$y=a×x$に代入します。$\underline{y=3×x}$

②$y=75$を$y=3×x$に代入します。　$75=3×x$　$x=75÷3=\underline{25ℓ}$

反比例とは

2つの量があるときに一方が2倍、3倍、……となるとき、それに対してもう一方の値が$\frac{1}{2}$倍、$\frac{1}{3}$倍、……となる関係を「反比例」といいます。たとえば、60個のキャンディーを何人かで分けるとします。人数と個数を表にすると、反比例の関係であることがわかります。

人数（x人）	1	2	3	4	5
1人あたりの個数（y個）	60	30	20	15	12

反比例の式

個数＝60÷人数になっていますから、人数をx、個数をyとすると、
$y=60÷x$　となります。数字の部分は問題によって変わりますので、
a（決まった数）とおきます。
つまり、反比例の関係は、$y=a÷x$という式で表すことができます。
表を見てもわかるように、決まった数は、$x×y$で求めることができます。
例でいうと60です。また、その60は、最初の個数と等しくなります。

例 風呂にお湯をためるとき、風呂がいっぱいになるまでの時間y分は、1分間に入れる水の量xℓに反比例します。1分間に7ℓ入れると30分でいっぱいになるとき、次の問いに答えてください。

①xとyの関係式を式に表してください。
②1分間で10ℓ入れるとき、いっぱいになるまでの時間は何分ですか。

答え ①xとyは反比例するので$y=a÷x$　　$x=7(ℓ)$、$y=30(分)$を代入。

$30=a÷7$　$a=30×7$　$a=210$　これを$y=a÷x$に代入します。$\underline{y=210÷x}$

②$x=10$を$y=210÷x$に代入します。　$y=210÷10=\underline{21分}$

つまずきPoint　反比例の「決まった数」が求められないお子様がいます。
意味をよく教え、$x×y$で求められることを説明してあげましょう。

比例・反比例のグラフ

例 $y=2×x$のグラフをかいてください。

答え $x=1$のとき$y=2$なので、グラフの点0からx軸を右に1つ、そこからy軸を上に2つ進んだところに点Aをとります。同様に、$x=2$のとき$y=4$なので、グラフの点0からx軸を右に2つy軸を上に4つ進んだところに点Bをとります。このようにして点A、Bをとり、それを結べば、$y=2×x$のグラフがかけます。比例のグラフは、このように点0を通る直線になります。

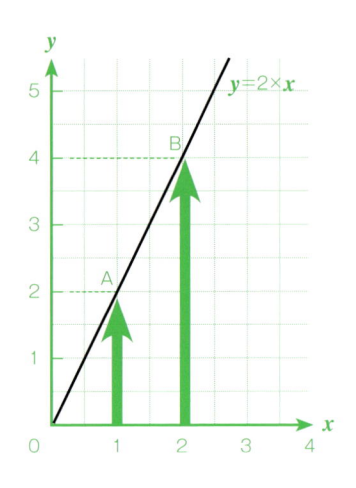

例 $y=12÷x$のグラフをかいてください。

答え $x=1$のとき$y=12$なので、グラフの点0からx軸を右に1つ、y軸を上に12進んだところに点Aをとります。$x=2$のとき$y=6$なので、グラフの点0からx軸を右に2つ、y軸を上に6つ進んだところに点Bをとります。同じように点C、点Dをとってそれを結べば、$y=12÷x$のグラフがかけます。反比例のグラフは、このようになめらかな曲線になります。

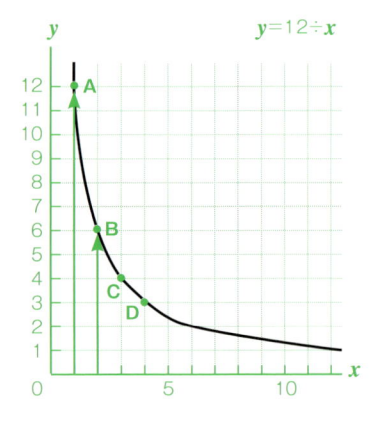

例 右の比例のグラフを読んで、xとyの関係式を表してください。

答え 比例のグラフなので、$y=a×x$とおきます。グラフより$x=1$のとき$y=2$です。これを$y=a×x$に代入して、
$2=a×1$　$a=2$　これを$y=a×x$に代入する。

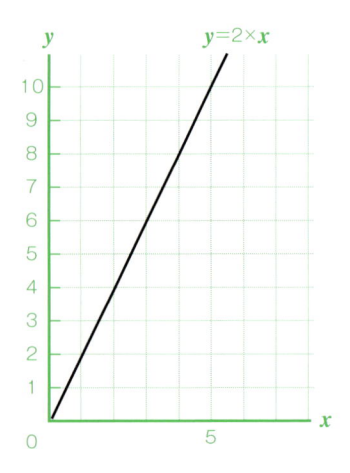

$$\underline{\underline{y=2×x}}$$

> **こんな間違いに注意！** 比例と反比例のグラフの違いを理解させ、2つが混乱しないようにさせましょう。

PART 12

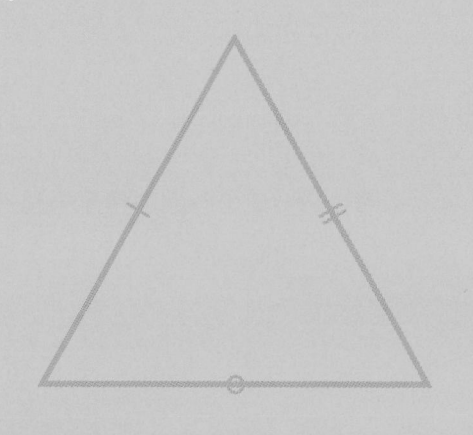

図形の合同と相似

お父様、お母様へ

「合同」とは、2つの図形がぴったり重なり合う関係をいいます。これらは対応する角や辺の長さが等しくなります。

「相似」とは、もとの図形と形は同じで大きさの違う関係をいいます。これらは、①対応する角の大きさがそれぞれ等しく、②対応する辺の長さの比がそれぞれ等しくなります。いずれも、"見た感じそんなもの"という認識でとらえるだけだと、図形の向きを変えただけでわからなくなります。

合同や相似の性質を理解し、図形のセンスを身につけましょう。中学受験の基礎固めになりますし、中学数学の合同・相似分野の基礎となります。

PART 12

図形の合同と相似

三角形の合同

所要時間：10分

> **算数力ポイント**　三角形が合同となる3つの条件を覚える

合同とは

2つの図形がぴったり重なり合うとき、合同であるといいます。
これらは、対応する角や辺の長さが等しくなります。

合同な三角形の書き方

次の①〜③のいずれかが当てはまれば三角形の合同条件を満たしています。

①3辺がそれぞれ等しい

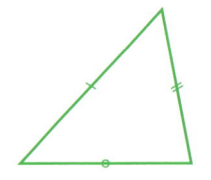

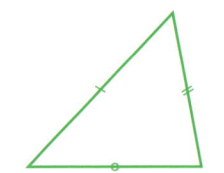

②2辺とその間の角がそれぞれ等しい

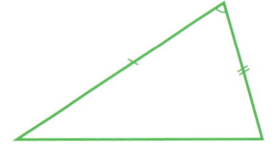

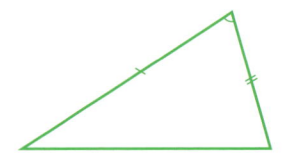

③1辺とその両端の角がそれぞれ等しい

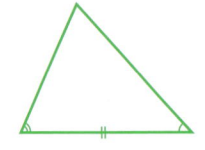

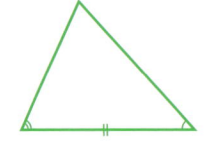

例 下の三角形ABCと三角形DEFが合同であるとき、次の問いに答えてください。

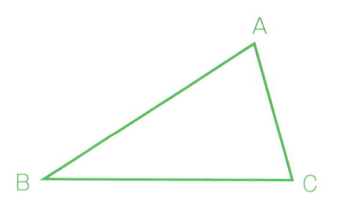

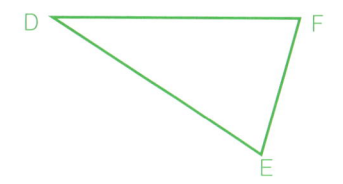

①辺ABに対応する辺はどれですか。
②角BACに対応する角はどれですか。

答え ① 点Aは点Eに対応
点Bは点Dに対応よって、
<u>辺ED</u>

② 点Bは点Dに対応
点Aは点Eに対応
点Cは点Fに対応よって、
<u>角DEF</u>

演習 合同な2組の三角形を見つけて、合同条件も示してください。

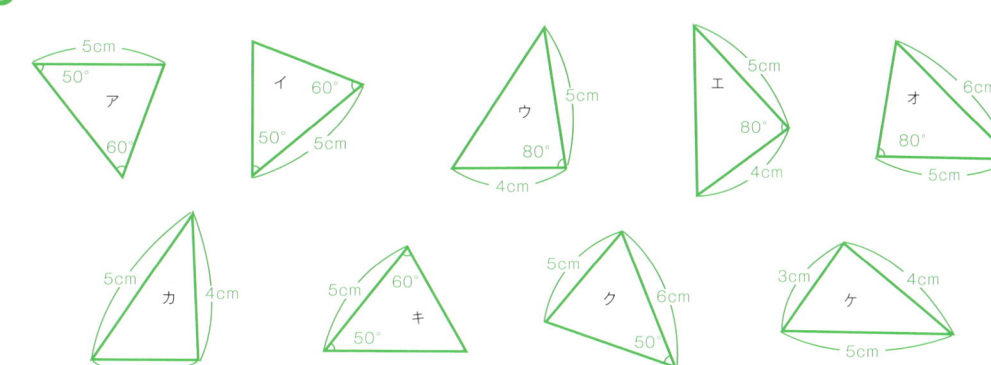

答え イとキ…1辺とその両端の角がそれぞれ等しい
ウとエ…2辺とその間の角がそれぞれ等しい
カとケ…3辺がそれぞれ等しい

こんな間違いに注意! 図形の向きを変えると、途端に合同だとわからなくなる場合があります。どんな向きでも合同かどうかがわかるようにさせましょう。

PART 12 図形の合同と相似

所要時間：13分

三角形の相似

> **算数力ポイント**
> 相似の図形は、
> ①対応する角の大きさがそれぞれ等しい
> ②対応する辺の長さの比がそれぞれ等しい

相似とは

私たちがコピー機で図や写真など拡大・縮小すると、もとの図形と形は同じで大きさの違うものが出てきます。こうした図形を「相似」といいます。

相似の三角形とは

相似の三角形には次のような性質があります。
①相似の三角形は、大きさは違っても形は同じなので、
　対応する角の大きさはそれぞれ等しくなります。

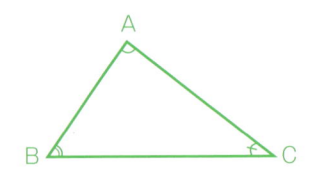

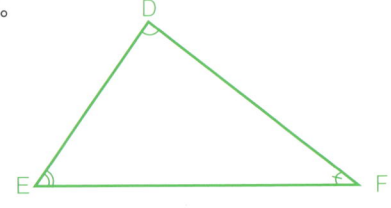

角A＝角D、角B＝角E、角C＝角F

②相似の三角形は、辺の長さは違いますが、対応する辺の比はそれぞれ等しくなります。

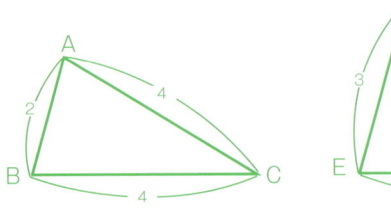

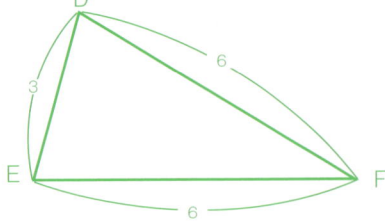

上の図ではAB：DE＝2：3、　BC：EF＝4：6＝2：3、　CA：FD＝4：6＝2：3

例 下の2つの三角形が相似であるとき、次の問いに答えてください。

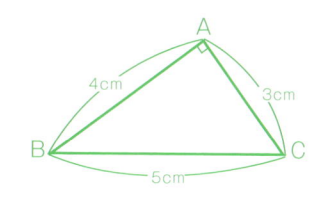

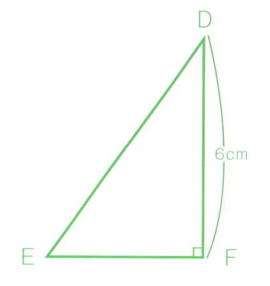

①角ACBに対応する角はどれですか。
②辺EDの長さを求めてください。

答え ①点Aは点Fに対応、点Cは点Eに対応、点Bは点Dに対応。
よって、**角FED**

②辺EDに対応しているのは、辺CB（5cm）。
対応する辺の長さの比は等しいので、4：6＝5：ED
内項の積＝外項の積ですから、
6×5＝4×ED
30＝4×ED
ED＝30÷4　よって、**7.5cm**

例 三角形ADEは三角形ABCを拡大した図形です。
このとき次の問に答えてください。

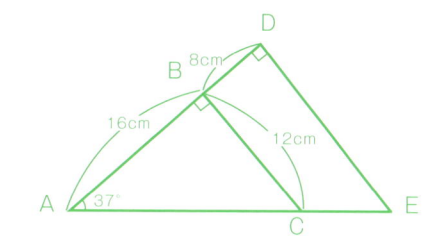

①角DECの大きさは何度ですか。
②辺DEの長さは何cmですか。

答え ①角DECは角BCAと等しくなる。
角BCA＝180°−90°−37°＝**53°**

②対応する長さの辺の比は等しいので、16：24＝12：DE
内項の積＝外項の積ですから、
24×12＝16×DE
DE＝**18cm**

演習 地面から垂直に生えている木があります。木のかげの長さは4mでした。このとき、地面に垂直に立てた1.5mの棒の影の長さは2mだったといいます。これについて次の問いに答えてください。

①三角形ABCと相似な三角形はどれですか。その相似条件も示してください。
②木の高さは何mですか。

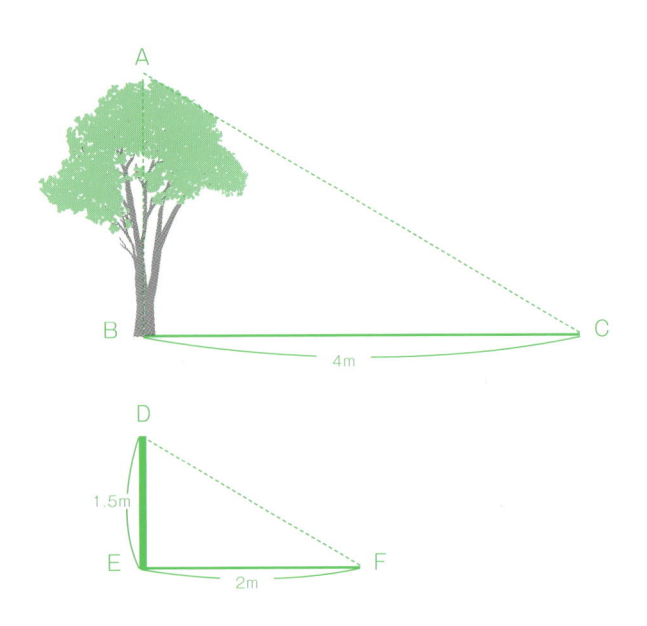

答え ①角ABCと角DEFはそれぞれ90°です。また角ACBと角DFEは等しくなりますので、相似なのは、
<u>三角形DEF……相似条件は2組の角が等しい</u>
②対応する辺の比は等しいので、AB：DE＝BC：EF
AB：1.5＝4：2　　AB＝<u>3m</u>

こんな間違いに注意！ 相似の2つの性質がわからない場合、比を理解できていない可能性があります。比を思い出させて相似の性質を理解させましょう。

PART 13
図形の補助線の引き方

お父様、お母様へ

複雑に見える図形の問題も、線を1本引くだけで解き方がわかります。つまり、どこに線を引くかが、答えを導くための重要なポイントになるわけです。理解の速い子どもは、どんな図形でも簡単に基本図形を探しだし、一気に正解を導きます。しかし、そうでない子どもでもゲーム感覚で線を探すことを覚えさせれば、徐々にセンスが身につきます。

解き方の基本となるのは、基本図形の性質をわかっているかどうか。「等積変形」は、補助線を引いて面積を求める上でのカギとなりますが、この考え方は、三角形の面積を求める公式の意味が理解できていれば、すぐにわかるはずです。こうした内容が理解できれば、どんなに複雑な図形でも、補助線をどう入れればよいかがわかり、パッとひらめく直感力が身につきます。

PART 13 等積変形

図形の補助線の引き方

所要時間：08分

> **算数力ポイント**
> 平行な2直線が出てきたら、等積変形だと見抜く

平行線と面積

下図のような底辺をABとした三角形が3つあります。
これら3つの三角形の面積は同じです。なぜなら底辺と高さが同じだからです。
数字を当てはめて確認してみましょう。
これらはすべて高さが6cmですから、三角形の面積＝底辺×高さ÷2の公式を使って、面積は5×6÷2＝15（cm²）となるのです。

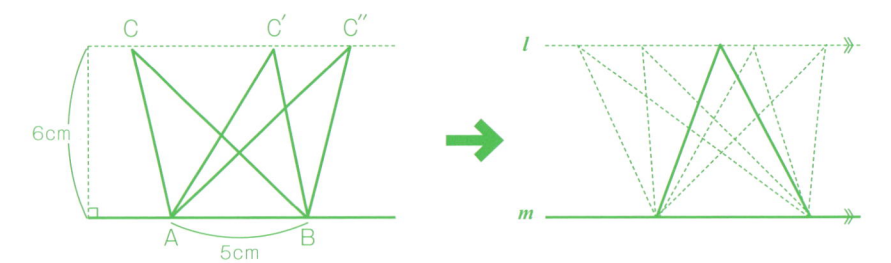

このように、底辺が等しければ、底辺の延長mと平行なl上のどこに頂点があっても面積は等しくなります。これを「等積変形」といいます。

台形の対角線と面積

台形は、上底と下底が平行な四角形なので、三角形ABCと三角形DBCの面積は等しくなります。さらに三角形OBCは2つの三角形の重なり部分なので、この三角形OBCをそれぞれの三角形から引いた残りの三角形の面積は等しくなります。

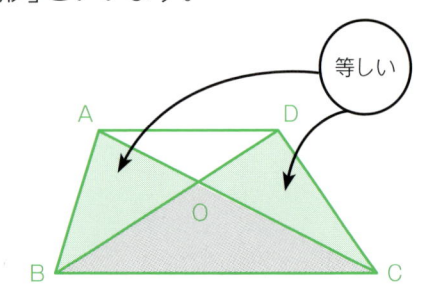

三角形ABC－三角形OBC＝三角形ABO
　　　　　同じもの
三角形DBC－三角形OBC＝三角形DCO

PART 13 図形の補助線の引き方

所要時間：15分

補助線の引き方

算数力ポイント 複雑な図形は角や点を線で結んでみる

補助線を引いて分ける

そのままでは公式に当てはめて解けない三角形や四角形の面積を求めるときは、補助線を引いて答えを導くことができます。

頂点を結んだ補助線の引き方

例 色のついた部分の面積を求めてください。

まず、四角形ABCDの面積から色のついていない2つの直角三角形ABEとFDCの面積を引く方法を考えてみます。三角形ABEの面積は求められますが、四角形ABCDと三角形FDCの面積は求められません。
そこで、角と角を結んで、高さと底辺がわかる三角形を見つけてみます。
ACに補助線を引くと、2つの三角形に分かれます。

答え 三角形AECは底辺をECとすると高さはABです。
三角形ACFは底辺をAFとすると高さはDCであることがわかります。
よって、6×8÷2+6×7÷2＝<u>45㎠</u>

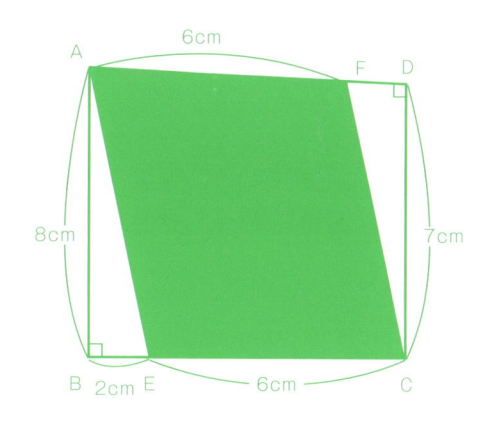

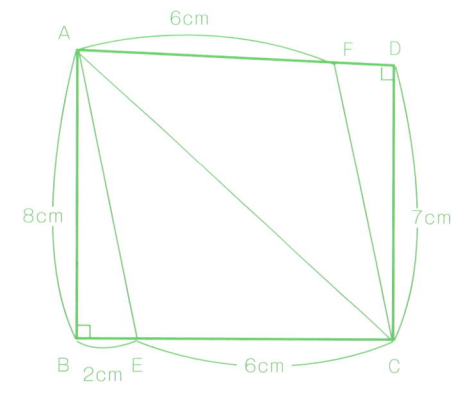

演習 四角形ABCDは台形です。色のついた部分の面積を求めてください

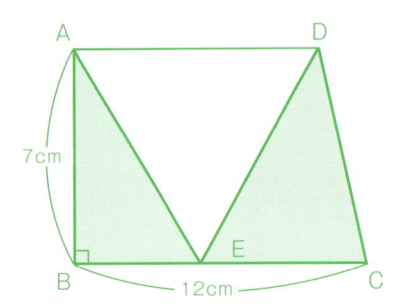

答え ACを結ぶ補助線を引きます。

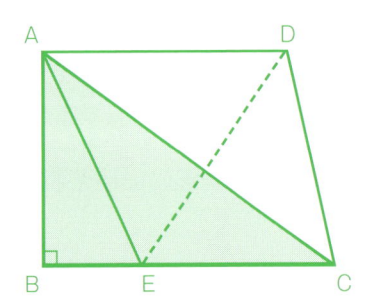

台形の上底と下底は平行ですから、
三角形DECの面積と三角形AECの面積は等しくなります。
よって面積は三角形ABCに等しくなります。
7×12÷2＝<u>42㎠</u>

演習 四角形ABCDは平行四辺形です。色のついた部分の面積を求めてください。

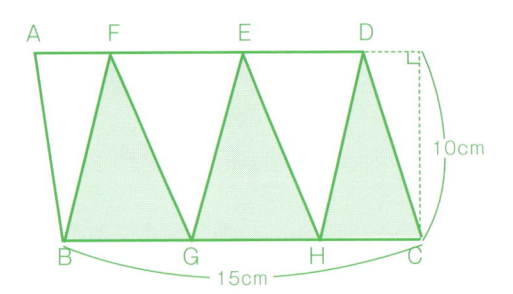

答え 三角形FBG、三角形EGHの頂点F、Eを頂点Dに移動し、それぞれの三角形を等積変形すると、色のついた部分の面積は三角形DBCと等しくなります。
よって、15×10÷2＝<u>75㎠</u>

演習 下の図の色のついた部分の面積を求めてください。

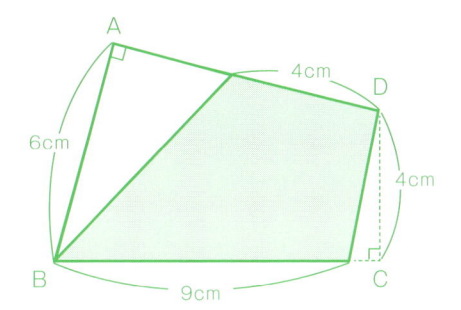

答え BDに補助線を入れます。
高さと底辺が垂直になる三角形が2つ見つかります。
9×4÷2+4×6÷2＝<u>30㎠</u>

演習 下のような四角形ABCDがあります。四角形ABCEの面積は四角形ABCDの面積の半分とします。これについて、次の問に答えてください。

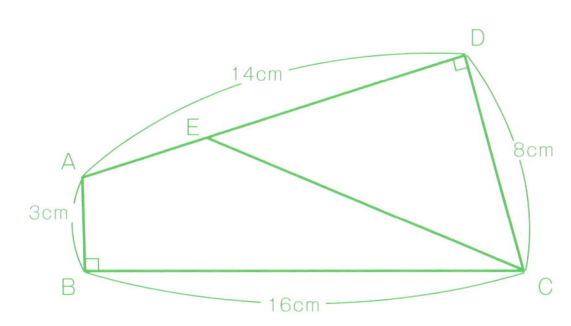

①四角形ABCDの面積を求めてください。
②DEの長さを求めてください。

答え ①ACに補助線を引きます。
高さと底辺が垂直になる三角形が2つ見つかります。
3×16÷2+14×8÷2＝<u>80㎠</u>
②三角形ECDの面積も四角形ABCEの半分になります。
80÷2＝40
底辺をDCとすると高さはDEとなるので、
40×2÷8＝<u>10cm</u>

つまずきPoint いろいろな線や図形で2つの平行線に気づかない場合があります。まわりの線や図形にまどわされず、等積変形を見抜きましょう。

円にまつわる補助線の引き方

例

半径5cmの2つの円と2本の直線からなる図形で色のついた部分の面積を求めてください。

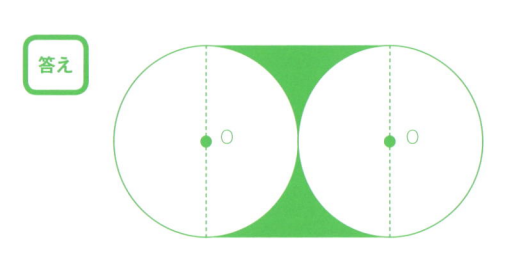

答え

円の中心Oと直線が接した点を結ぶ補助線を引いてみます。色のついた部分の面積は、正方形－半円×2となります。
よって、10×10－5×5×3.14÷2×2＝<u>21.5㎠</u>

演習 図Aは正方形の中に、2つのおうぎ形をかいたものです。また、図Bはおうぎ形と直角二等辺三角形を組み合わせたものです。このとき次の問いに答えてください。

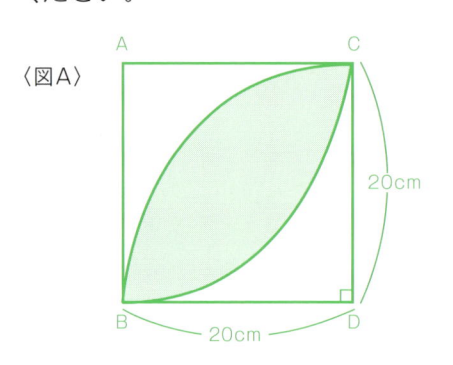

①図Bを参考に図Aに補助線を引き、色のついた部分の面積を求めてください。

②図Aの色のついた部分のまわりの長さを求めてください。

答え

①図Aの正方形の対角線BCに補助線を入れると、図Bの色のついた部分が2つぶんあることがわかります。

$20 \times 20 \times 3.14 \times \dfrac{90}{360} = 314$
$20 \times 20 \div 2 = 200$ （314－200）×2＝<u>228㎠</u>

②おうぎ形の弧2つぶんを求めます。
$20 \times 2 \times 3.14 \times \dfrac{90}{360} \times 2 = $ <u>62.8㎝</u>

こんな間違いに注意！ 線を1本引いてわからないとあきらめてしまうお子様がいます。何回も補助線を引いてみて、正しい補助線を探し出す楽しさを教えてみましょう。

PART 14

場合の数

お父様、お母様へ

「場合の数」とは、ならべ方や組み合わせが何通りあるかを計算する分野です。ならべ方は、樹形図（じゅけいず）を書いてみて、数えていくことが大切です。組み合わせも基本的には書いて確認していきますが、ならべ方と違って数えないものがあることに注意しましょう。

ならべ方・組み合わせともにまずは「書いて数えること」が基本になり、それがわかったら計算して省略して出せるところまで教えるようにしましょう。

ならべ方や組み合わせの計算は、頭の中でイメージして可能性について考える作業になります。このような考え方は将来、仕事や生活のなかで日常的に必要になります。とくに、ひとつのものを中心にして、全体を見渡す能力は社会人にとってとても重要な能力のひとつといえるでしょう。

PART 14

場合の数

ならべ方と組み合わせ

所要時間：10分

> **算数力ポイント**
> ならべ方では、必ず「樹形図(じゅけいず)」を書いて求める
> 組み合わせでは順番が逆の同じものは数えない

ならべ方の問題

3つから2つを選んで順番にならべるとき、それが何通りあるかを求める場合は、枝分かれする図（＝樹形図）をかいてみるとわかります。たとえば、サラダ・ゆで卵・スープの3つから2つを選ぶとき、その食べる順番は何通りあるかを考えます。

```
サラダ ─┬─ ゆで卵  …1
        └─ スープ  …2

ゆで卵 ─┬─ サラダ  …3
        └─ スープ  …4

スープ ─┬─ サラダ  …5
        └─ ゆで卵  …6
```

上のように樹形図をかいてみると、6通りあることがわかります。

例 1 2 3 の3枚のカードで3ケタの整数をつくるとき、整数はいくつできますか。

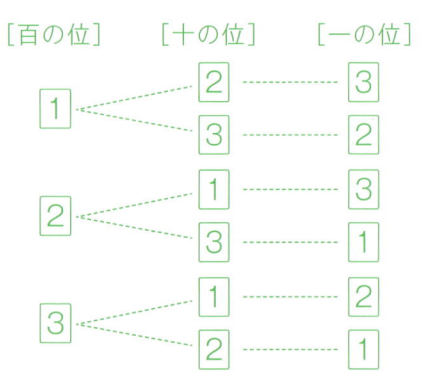

答え

```
[百の位]   [十の位]   [一の位]
   1 ─┬─ 2 ─── 3
       └─ 3 ─── 2
   2 ─┬─ 1 ─── 3
       └─ 3 ─── 1
   3 ─┬─ 1 ─── 2
       └─ 2 ─── 1
```

樹形図から6通りあることがわかります。樹形図をよく見ると、先頭が 1 の場合も 2 3 が先頭の場合も同じく2通りだとわかりますので、2×3＝<u>6通り</u>とする考え方もあります。

組み合わせとは

A B C D の4つのチームが野球の対戦をするとき、何通りの組み合わせがあるかを考えます。

Aの対戦　（AとB）、（AとC）、（AとD）…3通り
Bの対戦　（BとA）は、（AとB）と同じなので数えない
　　　　　（BとC）、（BとD）…2通り
Cの対戦　（CとA）（CとB）は、（AとC）（BとC）と同じなので数えない
　　　　　（CとD）…1通り
Dの対戦　（DとA）（DとB）（DとC）は、（AとD）（BとD）（CとD）と同じなので数えない。

　　　　　よって、答えは6通りです。

樹形図やリーグ戦表を書いてもOK。「ならべ方」と違って、順番は関係ないので、同じ組み合わせは消すことに注意が必要です。

選ばれないほうに着目する解き方

A B C D の4枚のカードから3枚取り出す組み合わせは何通りかを考えます。全部かき出してもできますが、「4枚から3枚選ぶ」＝「4枚のうち1枚を選ばない」と考えて、選ばない1枚の組み合わせを考えます。

　　　　A を選ばない＝ B C D を選ぶ
　　　　B を選ばない＝ A C D を選ぶ
　　　　C を選ばない＝ A B D を選ぶ
　　　　D を選ばない＝ A B C を選ぶ
　　　　　↑
　　　こちらを数える

よって、答えは4通りです。
このように、選ばないほうが少ない場合、そちらを数えます。

こんな間違いに注意！　「ならべ方」と「組み合わせ」の違いを理解させ、「組み合わせ」では、順番が逆の同じものの消し忘れに注意させましょう。

所要時間：10分

和の法則

例 AからBへ行くとき電車では2通り、バスでは3通りの行き方があるとき、全部で何通りの行き方がありますか。

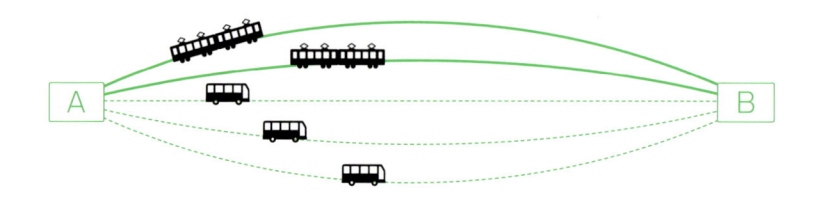

答え 電車の場合の2通りとバスの場合の3通りをたして答えを求めます。
2＋3＝5通り
このように「△のときは●通り」「□のときは○通り」と場合分けができるときは全部で（●＋○）通りとなり、これを「和の法則」といいます。

積の法則

例 AからBを通ってCに行きます。AからBまで2通り、BからCまで3通りの行き方があるとき、全部で何通りの行き方がありますか。

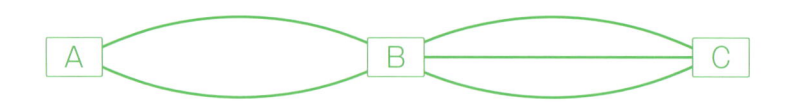

答え AからBまでの2通りに対してそれぞれ3通りずつの行き方があるので、2×3＝6通りになります。このように「～のときは●通り」あり、それぞれに対して「○通り」あるときは全部で（●×○）通りとなり、これを「積の法則」といいます。

演習 ①②③④⑤ のカードがあります。この中から
2枚のカードを取り出して2ケタの整数をつくるとき、次の問いに答えてください。

①全部で何通りの整数ができますか。
②40以上の整数のうち、奇数は何通りできますか。

答え ①順番を考えるので、組み合わせではなく、ならべ方になります。

```
┌─────────────────┐    ┌─────────────────┐
│    十の位        │    │    一の位        │
│  1・2・3・4・5    │    │  十の位で引いた   │
│   の5通り        │    │   カードを除く    │
│                 │    │    4通り         │
└─────────────────┘    └─────────────────┘
```

十の位のそれぞれに対して一の位の数を決めることになりますから、
和の法則ではなく、積の法則を利用します。
したがって、十の位の5通りのそれぞれに対して一の位の4通りずつとなります。
　　　5×4＝20通り

②奇数になるのは一の位が1、3、5のときの3通りに場合分けできます。
したがって和の法則を利用します。40以上の整数ですから、十の位には
④⑤ のいずれかが入ります。

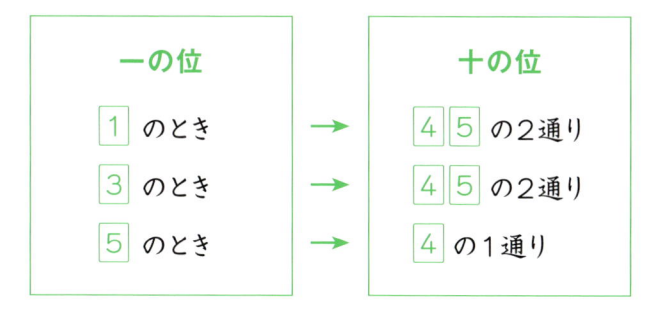

```
┌──────────────┐         ┌──────────────┐
│   一の位      │         │   十の位      │
│  ①のとき   → │         │ ④⑤の2通り    │
│  ③のとき   → │         │ ④⑤の2通り    │
│  ⑤のとき   → │         │ ④の1通り     │
└──────────────┘         └──────────────┘
```

2＋2＋1＝5通り

こんな間違いに注意！ 問題によって、「和の法則」と「積の法則」を使い分けられるかがポイント。
問題の内容をしっかりと確認しましょう。

マルコ社／既刊

発行	マルコ社
編集	マルコ社
発売	サンクチュアリ出版
定価	本体1300円＋税
頁数	224P
ISBN	978-4-86113-677-1

『他人を支配する黒すぎる心理術』

発行	マルコ社
編集	blst
発売	サンクチュアリ出版
定価	1,200円＋税
ISBN	978-4-86113-671-9
対象年齢	0歳から5歳

『シールでつくるむかしばなし ももたろう』

発行	マルコ社
編集	マルコ社
発売	サンクチュアリ出版
定価	本体1350円＋税
頁数	152P
ISBN	978-4-86113-672-6

『3歳までにやっておきたい育児法ベスト30』

発行	マルコ社
編集	マルコ社
発売	サンクチュアリ出版
定価	本体1300円＋税
頁数	224P
ISBN	978-4-86113-674-0

『プロカウンセラーの聞く技術・話す技術』

発行	マルコ社
編集	マルコ社
発売	サンクチュアリ出版
定価	本体1150円＋税
頁数	256P
ISBN	978-4-86113-676-4

『貯金に成功した1000人みんなやっていた 貯金習慣』

発行	マルコ社
編集	マルコ社
発売	サンクチュアリ出版
定価	本体1250円＋税
頁数	224P
ISBN	978-4-86113-675-7

『赤ちゃんにもママにも優しい 安心の子育てガイド』

発行	マルコ社
編集	マルコ社
発売	サンクチュアリ出版
定価	本体1300円＋税
頁数	224P
ISBN	978-4-86113-673-3

『20代のいま知っておくべき お金の常識50』

一生使える"算数力"は親が教えなさい。

2014年7月27日　初版第1刷発行
2017年5月12日　　第25刷発行

編　集
マルコ社

執　筆
verb（太田健作、岡本のぞみ、井上真規子）

デザイン・DTP
齋藤雄介（blue vespa）

イラスト
コットンズ（p.7）

校　正
ディクション株式会社

発 行 者
梅中伸介

発 行 所
マルコ社（MARCO BOOKS PTE.LTD.）
〒151-0053　東京都渋谷区代々木3-1-3　AXISビル5F
電　話：03-5309-2691　FAX：03-5309-2692
e-mail：info@marcosha.co.jp
公式facebook：http://www.facebook.com/marcosha2010
ウェブサイト：http://www.marcosha.co.jp

発　売
サンクチュアリ出版
〒151-0051　東京都渋谷区千駄ヶ谷2-38-1
電　話：03-5775-5192　FAX：03-5775-5193

印刷・製本
株式会社シナノパブリッシングプレス
無断転載・転写を禁じます。落丁・乱丁の場合はお取り替えいたします。

©marcosha 2014 Printed in Japan
ISBN978-4-86113-679-5